AF458225

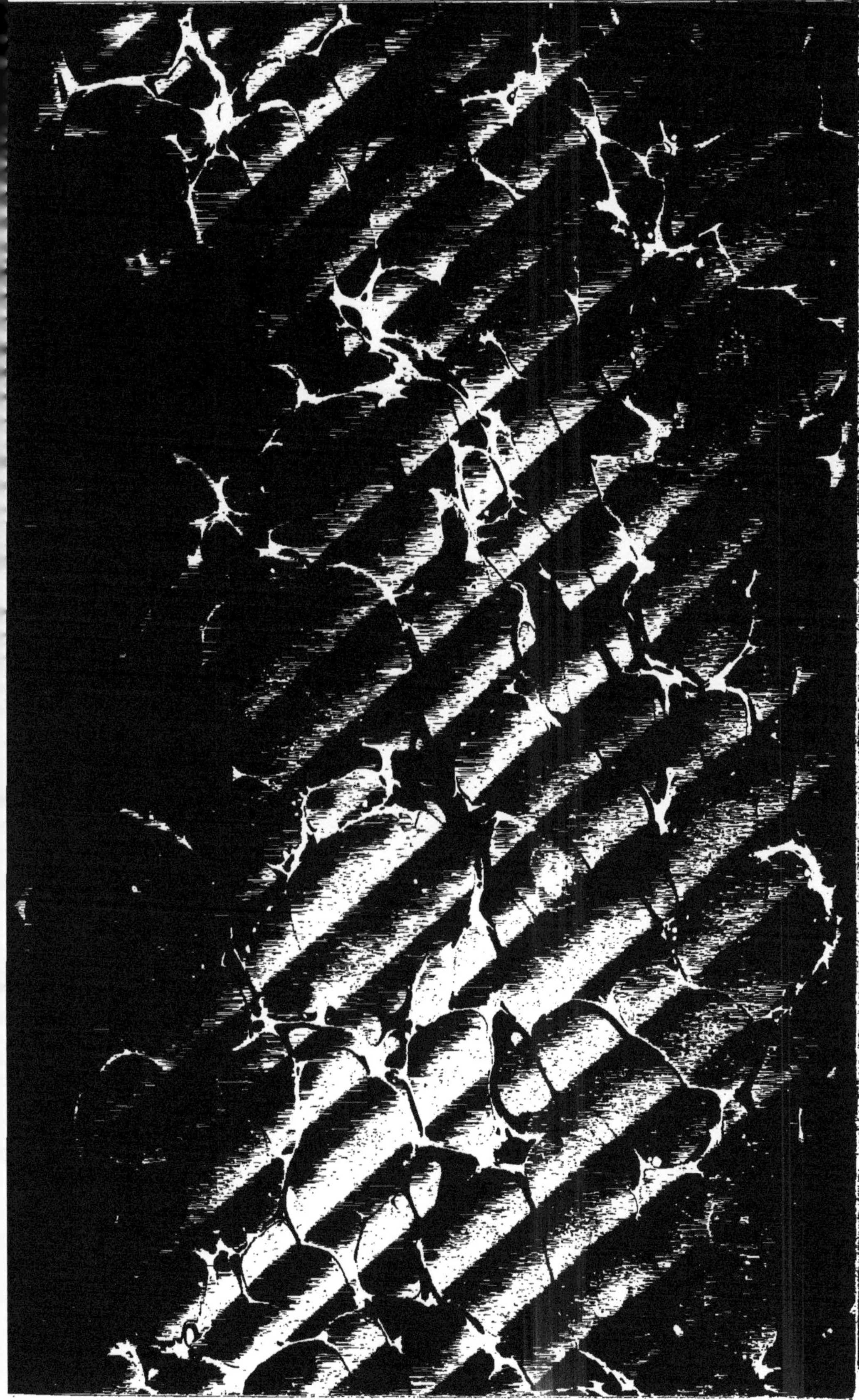

FACULTÉ DE DROIT DE PARIS

DROIT FRANÇAIS

DU
SERVICE MILITAIRE
DANS SES RAPPORTS
AVEC LES DROITS POLITIQUES
ET LE MANDAT LÉGISLATIF

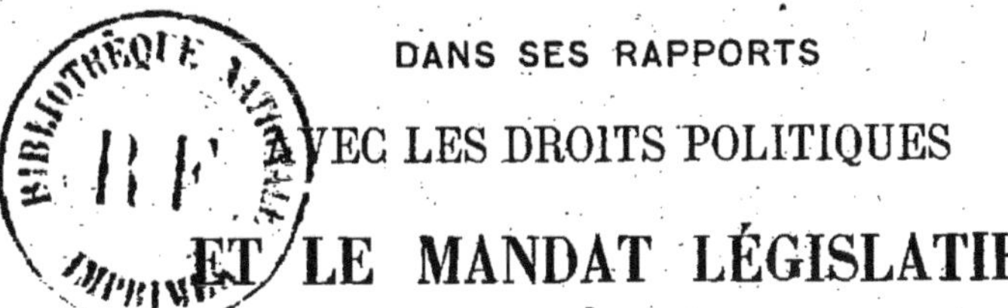

THÈSE DE DOCTORAT

Présentée et soutenue le 30 octobre 1899, à 3 heures 1/2.

PAR

A. COTHIAS

Président : M. CHAVEGRIN, professeur.
Suffragants : MM. SOUCHON, agrégé.
GARÇON, agrégé.

PARIS
DE SOYE ET FILS, IMPRIMEURS
18, RUE DES FOSSÉS-SAINT-JACQUES, 18

1899

THÈSE DE DOCTORAT

La Faculté n'entend donner aucune approbation ni improbation aux opinions émises dans les thèses; ces opinions doivent être considérées comme propres à leurs auteurs.

FACULTÉ DE DROIT DE PARIS

DROIT FRANÇAIS

DU
SERVICE MILITAIRE
DANS SES RAPPORTS
AVEC LES DROITS POLITIQUES
ET LE MANDAT LÉGISLATIF

THÈSE DE DOCTORAT

Présentée et soutenue le 30 octobre 1899, à 3 heures 1/2.

PAR

A. COTHIAS

Président : M. CHAVEGRIN, professeur.

Suffragants : MM. SOUCHON, agrégé.
GARÇON, agrégé.

PARIS

DE SOYE ET FILS, IMPRIMEURS

18, RUE DES FOSSÉS-SAINT-JACQUES, 18

1899

A MES PARENTS

A MES AMIS

INTRODUCTION

En traitant cette question : « Du service militaire dans ses rapports avec les droits politiques et le mandat législatif », nous nous sommes proposés d'en faire une étude exclusivement nationale. Nous aurions pu, dans le cours dè notre travail, puiser aux sources de l'antiquité, mais cette tâche a été accomplie (1).

En conséquence, dans une première partie théorique et générale, nous avons brièvement rappelé la théorie juridique du droit de vote, nous arrêtant à la solution enseignée par la plus pure doctrine politique, à savoir que ce droit est bien plutôt une fonction sociale qu'un droit individuel. A ce titre, l'État peut en priver certains individus, les militaires spécialement, dans un intérêt majeur de

(1) V. sur ce point Henri Faucon, thèse Doctorat, Paris, 1893 : *Des privilèges des militaires*. V. Jacomet de Broca, thèse Doctorat, Lyon, 1882.

sécurité publique. Or l'expérience, aux données de laquelle nous avons fait appel, enseigne que l'exercice des droits politiques a presque toujours été refusé à l'armée au cours du siècle présent.

Nous sommes ainsi arrivés à la législation actuelle; pour l'exposer, nous avons suivi la division naturelle : électorat, éligibilité.

En ce qui concerne l'électorat chez les militaires, nous avons constaté que les militaires n'en ont pas l'exercice, mais seulement la jouissance, laquelle se traduit par l'inscription sur les listes électorales.

En ce qui concerne l'éligibilité, nous avons vu et montré que, fidèle au principe de l'exclusion des militaires, le législateur l'a poussée à ses dernières limites; que, si l'idée du service militaire personnel est une charge, elle est compensée par certains avantages, dont l'un se rattache directement à notre sujet : l'admissibilité aux fonctions législatives seulement pour ceux qui ont payé l'impôt du sang.

Enfin, notre dernier chapitre sera consacré aux privilèges des membres des deux Chambres, c'est-à-dire à l'étude de leur situation militaire en temps de paix et en temps de guerre.

CHAPITRE PREMIER

Notions générales et historiques.

§ Ier. — *Des relations de cette matière avec la théorie générale du droit de vote.*

Les questions se rattachant au service militaire offrent un intérêt considérable. Il va sans dire que, pour avoir une armée forte, sur laquelle il peut compter, un pays la prendra parmi ceux qui composent la nation politique, en un mot, parmi les citoyens. Le temps n'est plus où un pays pouvait se consacrer exclusivement au commerce et, grâce aux richesses ainsi réalisées, payer des mercenaires pour sa défense. Du jour où la notion de l'État s'est enfin dégagée, le citoyen a compris qu'il ne devait pas seulement retirer un bénéfice de l'État, jouir de l'exécution par celui-ci de ses fonctions essentielles, mais aussi aider à l'accomplissement de ces fonctions, en supporter des charges personnelles.

Ces charges sont d'ailleurs compensées par de grands avantages, dont l'un, essentiel, principal, est le vote. Chaque être a, dans la nature, une fin, une raison d'être : Les plantes, a justement dit Aristote, sont faites pour les animaux, et les animaux pour l'homme, l'homme pour vivre en société, et le citoyen pour veiller à la chose publique (1). C'est cette dernière considération qui pesait sur l'esprit des disciples de Socrate, lorsqu'ils condamnaient l'industrie et louaient l'agriculture comme capable de donner au corps la plus grande beauté, la plus grande vigueur et aux âmes assez de loisir pour songer aux amis et à la chose publique.

L'idée est encore vraie, si les conséquences sont discutables. Et si tous les esprits sont d'accord sur ce fait que la vie politique du citoyen se concrétise par le vote, ils ne le sont plus sur la nature de ce droit. Est-ce un privilège, un droit individuel ou une fonction sociale? Il y a là une question préjudicielle, car la solution qu'on lui donne a pour résultat de faire admettre ou de faire repousser le vote des militaires.

§ II. — *Suspension de l'exercice du droit électoral.*

1° Parce que le droit de vote est une fonction sociale;

(1) *Economie de Xénophon*, ch. v.

2° Pour des raisons tenant au bon ordre et à l'utilité générale.

1° Il semble, si la souveraineté nationale n'est pas une fiction, que le suffrage de tous s'impose, « que tous ont, par hypothèse, des droits naturels, tous sont, par hypothèse, parties au contrat social, que, par hypothèse, toutes les volontés doivent concourir à la volonté générale. Suffrage omnipotent de dix millions de souverains égaux (1) ».

Tous ceux qui composent la nation doivent participer aux votations constitutives des droits publics. Cela revient à dire, en définitive, que chacun des membres de la nation serait propriétaire d'une parcelle de la souveraineté nationale. A cet égard, beaucoup d'auteurs se hâtent de conclure que rien ne saurait la lui enlever. Mais c'est, à notre avis, raisonner mal que de conclure ainsi, car la plus pure doctrine politique enseigne que : « Quelques légitimes que soient les droits individuels, ils n'ont pas une portée illimitée. Ils ont, au contraire, deux limites nécessaires : le respect du droit égal chez autrui et le maintien de l'ordre public. Leur exercice suppose donc une réglementation préalable que doit en faire le législateur, et tant que cette réglementation n'a pas eu lieu, le droit déposé, garanti dans la constitution, ne peut être exercé, il reste là

(1) Charles Benoist, *De l'organisation du suffrage universel*, p. 21.

comme une simple promesse (1). » Chacun est, en principe, libre de disposer à son gré de sa personne et de sa propriété; cependant, l'intérêt général a motivé une double dérogation à cette règle. Le citoyen risque de se voir enlever sa propriété par expropriation pour cause d'utilité publique, d'autre part sa liberté est entamée par le service militaire.

Mais il est à remarquer que la souveraineté nationale n'est pas la propriété de l'individu. « C'est, dit Bluntschli, ravaler la souveraineté que d'en faire un droit arbitraire de propriété. » La conséquence logique de la conception contraire c'est que, à un moment donné, les individus ont pu ou pourraient consentir l'aliénation de leur droit de souveraineté au profit d'un monarque; or cette souveraineté est l'apanage de la nation, de l'État, et l'État n'est pas la somme pure et simple des générations actuelles (2). Aussi, dire que la souveraineté appartient aux membres vivants de la nation, c'est méconnaître cette notion fondamentale et nier le droit de l'État de réglementer l'exercice du droit au mieux des intérêts de la nation. On comprendrait cepen-

(1) Esmein, *Eléments de droit constitutionnel*, 2e éd. p. 366-367.

(2) V. Esmein, *op. cit.*, 1re éd., p. 191. V. aussi Larnaude, Cours de Droit public, 1896-1897, *Théorie de la souveraineté*; Le Fur, *Etat fédéral et Confédération d'Etats*; Pillet, *Recherche sur les droits fondamentaux des États*.

dant que l'État n'intervînt à cet égard que le plus rarement possible; si la nation souveraine n'est que la réunion de tous les individus, il importe, pour en connaître la volonté, de les consulter tous. On n'a l'expression exacte de la souveraineté nationale que si tous les individus faisant partie du pays ont fait connaître leur opinion. Si l'on agit autrement, la loi n'est pas l'expression exacte de la volonté générale, le résultat est faussé. Telle était l'opinion des disciples de Rousseau. Cette doctrine fut défendue par Mounier à l'Assemblée nationale, le 4 septembre 1789. « Tous les citoyens, dit-il, ont le droit d'influer sur le gouvernement, au moins par leurs suffrages; ils doivent en être rapprochés par la représentation. Si vous exigez pour les électeurs des qualités qui en limitent le nombre, vous rendez tous ceux qui seront exclus étrangers à leur patrie, indifférents sur la liberté (1). »

Robespierre la formula aussi à l'Assemblée constituante, le 22 octobre 1789 (2). Et Petion reprit,

(1) *Moniteur universel,* séance du 4 septembre 1789, p. 211.

(2) *Réimpression de l'ancien Moniteur,* t. II, p. 81 : « La Constitution établit que la souveraineté réside dans le peuple, dans tous les individus du peuple. » V. aussi en ce sens Condorcet.

Réimpression de l'ancien *Moniteur*, t. XV, p. 466-467. « Les uns ont regardé l'exercice des droits politiques comme une sorte de fonction publique; d'autres ont pensé, au contraire, que les droits politiques devaient appartenir à tous les individus avec une entière égalité... Presque tous les peuples ont suivi la première opinion; mais la seconde nous a paru plus conforme à la raison, à la justice... »

devant la même Assemblée, l'idée de Rousseau, en lui donnant une certaine force : « Tous les individus, dit-il, qui composent l'association ont le droit inaliénable et sacré de concourir à la formation de la loi, et si chacun pouvait faire entendre sa volonté particulière, la réunion de toutes les volontés formerait véritablement la volonté générale... Nul ne doit être privé de ce droit sous aucun prétexte et dans aucun gouvernement (1). »

Mais la loi, nous l'avons dit, n'est pas seulement l'expression de la volonté générale, elle est avant tout une règle d'intérêt public. « Il n'est pas vrai que la loi soit nécessairement et simplement l'expression directe et immédiate de la volonté générale formulée d'une façon précise par la majorité des citoyens. Elle est avant tout une règle de justice et d'intérêt public. Si elle a nécessairement à sa base l'autorité du souverain, personne n'oserait dire que le souverain pourrait, de parti-pris, édicter des lois injustes ou nuisibles et, le système de gouvernement qui, tout en faisant de la nation la source constante de toute autorité, pourrait le mieux assurer que de semblables lois ne seront pas votées de bonne foi, mais, par erreur, ce système sera le meilleur et le plus légitime (2). »

(1) Séance du 4 septembre 1789.
(2) Esmein, *Op. cit.*, p. 232, 2e éd.

On comprend qu'à ce titre, le corps électoral soit discipliné, qu'il n'aboutisse point à un corps « inorganique ». On comprend que dans cet intérêt supérieur, le législateur écarte certaines catégories d'individus, les femmes, les indignes, les militaires; qu'il impose des conditions d'âge, de domicile. Si donc le droit de vote n'est pas inhérent à la qualité d'être humain, c'est qu'il est l'apanage de la nation, considéré dans sa perpétuité; dès lors, l'Etat peut en disposer au profit de qui il veut. Aussi bien, en Angleterre et en Amérique, le droit électoral a été considéré comme une fonction publique que chaque peuple règle à son gré, selon l'état social du moment et dans les conditions les plus variables (1).

Rien de plus naturel que la réglementation de l'exercice du droit électoral à l'aide de certaines conditions. Certains publicistes ont fait observer, dans cet ordre d'idées, qu'une génération donnée,

(1) V. Laboulaye : *Questions constitutionnelles*, 2e éd., p. 384. Cpr. M. Seaman, cité par Claudio Jannet : *les Etats-Unis contemporains*, 4e éd., p. 185-186 : « Le droit électoral n'est pas un droit inné qui appartient à toute personne et à tout homme comme un droit naturel. C'est dans une certaine proportion un pouvoir confié dont il doit être fait usage dans l'intérêt de tous, et personne n'y a droit qui n'a pas d'intelligence suffisante ou de courage public pour l'exercer avec un certain degré de convenance pour le bien public. C'est un droit acquis, ce n'est pas un droit naturel. Il est acquis par l'éducation, par la science et la connaissance de l'homme et des choses, par la maturité d'esprit et l'expérience de la vie, et par le service public en accomplissant les devoirs de contribuable, de chef et de représentant de la famille, ou en portant les armes pour soutenir le gouvernement. »

parce qu'elle est dépositaire momentané de la souveraineté, ne peut disposer d'un état créé par d'autres, et destiné à d'autres; il en résulte que le droit de vote appartient ainsi à une nation idéale, que les individus n'ayant plus de droits se trouveront investis d'une magistrature, enfin que le citoyen n'est plus électeur qu'au second degré (1). Peu importe que l'électeur soit tel au premier ou au second degré; à coup sûr, ce n'est point là le suffrage indirect, car celui-ci suppose : « que les électeurs ne sont pas appelés à élire immédiatement les représentants du peuple, mais simplement à choisir un certain nombre, un nombre restreint de nouveaux électeurs, qui, eux, éliront ces représentants ou qui parfois n'éliront eux-mêmes que de nouveaux électeurs (2) ». D'autre part, ce n'est pas entamer le droit de suffrage politique que de réglementer les conditions de son exercice. Tout droit, pour produire un effet juridique, doit-être l'objet d'une réglementation (3). Le futur employé d'une administration, l'aspirant à une fonction, n'obtient le droit de l'exercer que s'il en est reconnu capable, et sa capacité est mise d'ordinaire en évidence par un

(1) V. Chavegrin, à son cours de droit constitutionnel comparé, année 1896-1897 : « La souveraineté appartient-elle a une nation idéale? »

(2) Esmein : *Op. cit.*, p. 176, 2e éd.

(3) V. Barthélemy, *Essai d'une théorie subjective des droits des administrés* (Thèse Doctorat, Toulouse, 1899), p. 140 et suiv.

examen. Il en est de même pour l'électeur. Il n'obtient le droit de vote que si les conditions réglementaires sont par lui remplies. La thèse contraire déclare que le droit de suffrage politique sommeille, qu'il est à l'état latent dans l'individu, elle ne veut point avouer qu'il n'existe pas. Il est à l'état latent chez le militaire, comme il l'est chez celui qui n'a pas six mois de résidence. Cependant, le militaire est inscrit sur la liste électorale. On confond suspension et suppression du droit de vote. Il faut que cette suspension, dans un pays libre, soit fondée sur de justes causes.

2° Nous envisageons tout d'abord la question au seul point de vue de l'électorat. Le suffrage universel exige, semble-t-il, que les militaires jouissent des droits politiques, au même titre que les autres citoyens. La participation des militaires au vote élargirait le corps électoral, la loi refléterait mieux l'image de la volonté nationale, elle représenterait davantage l'expression de la majorité des citoyens. Mais cet avantage relatif serait payé par de larges inconvénients, qui tous aboutissent, au moins, au relâchement, sinon à la disparition de la discipline dans l'armée. Si l'on se place au début d'une campagne électorale, on verra aisément surgir le danger. Le soldat ne peut voter sans connaître les candidats, il doit les entendre dans les réunions publiques où il perd le caractère de soldat, dans lesquelles il n'y a plus chefs et subordonnés, mais seulement des électeurs s'interpellant, se demandant réciproquement compte de leurs paroles, de leurs actes. Certains candidats pourraient même, le cas échéant, soutenir les réclamations des uns contre les autres, ce qui constituerait, suivant les cas, dans les casernes, un danger de rébellion ou une cause d'oppression. L'interdiction d'assister aux réunions ne pourrait être compensée que par l'autorisation de faire entrer dans les casernes des journaux de polémique. Ce serait substituer à un inconvénient un autre inconvénient, à une cause de mal une autre cause de mal non moins dangereuse. Ce qui fait la force d'une armée, c'est la discipline : « Si vous voulez introduire l'esprit politique dans les régiments, vous y tuez la discipline, vous y tuez l'esprit militaire. » Ainsi parlait, à la séance du 7 mars 1849, le citoyen Collet.

Si l'on se place au moment du scrutin, on risque de voir, parfois, les soldats voter par ordre de leurs chefs. « Or, ajoutait l'orateur, ce qui fait un électeur, c'est qu'il est essentiellement libre; ce qui fait un soldat, c'est qu'il est essentiellement obéissant. » D'ailleurs, enchaîner la liberté de penser d'un homme, n'est-ce pas l'avilir, l'offenser, et l'offensé d'aujourd'hui, c'est le révolté de demain.

Enfin, le scrutin dépouillé, qu'arriverait-il si l'armée, par son vote, avait manifesté des sentiments hostiles à l'égard du gouvernement. Celui-ci, dont elle est le soutien, serait frappé à mort et pour essayer de se relever, il tenterait de faire diversion par une guerre.

La plupart des inconvénients signalés précédemment se retrouvent, quant à l'égibilité. Du maintien et de l'exacte observation de la discipline militaire dépend la conservation de l'armée, celle du pays et le succès des entreprises. Les luttes électorales qui risqueraient parfois de se poursuivre entre chefs et subordonnés, candidats au même siège, seraient destructives de tout respect et de toute discipline.

Par ailleurs, la dualité des fonctions représentatives et des fonctions militaires risquerait, cela est d'évidence, d'entraver l'accomplissement méthodique et régulier des unes et des autres. Une mission n'est en effet bien remplie que si l'homme qui en est chargé s'en occupe sans distraction. Donc, une désorganisation des cadres de l'armée ne serait pas, dans ces conditions, un péril imaginaire; l'œuvre législative, elle même, s'en ressentirait dans des cas particulièrement graves. L'élément militaire, emporté par son ardeur, pourrait peser à l'excès, le cas échéant, sur les délibérations relatives au maintien de l'état de paix ou à l'ouverture de l'état de guerre, pour faire écarter l'un et amener l'avènement de l'autre. C'est pourquoi, il faut éloigner le soldat de la vie politique : là, n'est pas sa mission. Comme l'a dit M. de Cissey, ministre de la guerre, en 1872, au cours de la discussion sur la loi militaire : « Le soldat sous les armes n'est que le soldat de la loi, il doit rester étranger à tous les partis, à toutes les luttes politiques; il doit être la force du service de la loi. »

§ III. — *Précédents historiques et évolution législative depuis* 1789 *à nos jours.*

Il semble qu'en 1789 on n'ait point reconnu, comme une nécessité absolue, une législation privant les militaires du droit de vote, et ce afin de maintenir la discipline dans l'armée. On connaissait, d'ailleurs, toute l'importance de la discipline et de l'ordre; le maréchal de Saxe avait, en effet, présenté ces qualités comme la base de tout l'édifice militaire. « La discipline est-il dit, dans *les Rêveries*, est l'âme de tout le genre militaire; si elle n'est établie avec sagesse et exécutée avec une fermeté inébranlable, on ne saurait compter avoir des troupes. Les armées ne sont plus qu'une vile populace plus dangereuse à l'Etat que l'ennemi même. Il ne faut pas croire que la discipline, la subordination et l'obéissance servile avilissent le courage. On a toujours vu que plus la discipline a été sévère et plus on a exécuté de grandes choses avec les armées où elle était établie (1). »

Cependant il fallait compter avec d'autres tendances et notamment avec l'influence que devaient exercer, d'une part, les principes individualistes, d'autre part, les aspirations confuses, et cependant réelles, des hommes de l'époque vers le suffrage universel, auxquelles la discipline semble devenir un contrepoids insuffisant.

Au lendemain de la Révolution, le 22 décembre 1789, un décret fixe les conditions nécessaires pour avoir la qualité de citoyen actif.

Au nombre des conditions établies par l'électorat se trouvaient le paiement d'une contribution directe de trois journées de travail et la résidence dans le canton au moins depuis un an. L'une de ces conditions n'était pas, cela est évident, remplie par les militaires, l'autre ne l'était qu'accidentellement. A cette époque, en effet, les changements de garnison étaient fréquents.

Pour atténuer les conséquences fâcheuses de la stricte application du décret, la proposition fut faite à la Constituante, de conserver aux militaires les fonctions de citoyen actif. Appuyée par M. de la Rochefoucauld elle fut au contraire combattue par M. de Liancourt le 28 février 1790 en ces termes (2) :

(1) Cité par Henri Choppin, *l'Armée française*, p. 116.
(2) *Moniteur*, année 1790, t. II, p. 245.

« Les officiers pourront abuser de leur crédit et de leur supériorité, soit pour se faire élire, soit pour diriger et maîtriser dans d'autres vues les élections. Les soldats ont fait un engagement par lequel ils ont renoncé momentanément à leur liberté et à tous les avantages dont la Constitution trouverait du danger à leur laisser l'exercice (1). » Le premier argument n'a qu'une valeur relative, le second est discutable. MM. de Noailles et de Lameth cherchèrent à l'établir. Cependant la Constituante ne se rendit pas à leurs raisons, et le principe du décret demeura applicable à tous les militaires, sauf exception en faveur de celui qui aurait pris du service pendant seize ans et auquel l'Assemblée, dans la même séance, maintint le titre de citoyen actif sans conditions (2).

La Constituante avait ainsi admis un système mixte, fait de tâtonnements, appliquant différemment le principe suivant les catégories de militaires, violant ainsi les principes égalitaires en faveur de quelques-uns alors que, dans son principe, elle avait usé de rigueur envers tous.

Cette rigueur devait même peu après être accentuée par le décret du 6-12 décembre 1790 (3) privant

(1) V. sur ce point Garrigues (Thèse Doctorat, Paris, 1898) : *le Droit de vote dans l'armée française.*

(2) V. Georges Denis Weil, *les Elections législatives* depuis 1789, p. 234 et suiv.

(3) Duvergier, Collection des lois, décrets, t. II, p. 94.

les citoyens actifs de l'exercice du droit de suffrage dans toutes les assemblées politiques où ils paraîtraient en armes ou même simplement en uniforme. Peut-être cette disposition fut-elle dictée au législateur par la prudence.

A une époque où tous étaient appelés à défendre la patrie contre l'Europe soulevée, la lutte contre l'ennemi du dehors seule devait, semble-t-il, occuper les esprits; les citoyens devaient apporter l'union et le calme dans les élections.

La prescription spéciale du décret du 6-12 décembre étant accomplie, votaient donc les militaires exceptionnellement investis du droit de suffrage dont il vient d'être parlé, et ceux auxquels le décret du 6-20 juillet 1791 accordait le titre de citoyens actifs, c'est-à-dire les officiers, sous-officiers ou autres attachés au service de terre ou de mer, dans les lieux où ils se trouvaient en garnison et réunissant par ailleurs les conditions requises.

Il était réservé à la Constitution du 3 septembre 1791 de revenir au système plus net du décret du 22 décembre 1789. Le triomphe de ces idées devait être de courte durée; il fut atteint par le développement des principes individualistes qui animaient la Révolution.

Le législateur du 5 août 1792, emporté par son amour pour l'égalité quant au droit de vote, dut sans doute expressément reconnaître le droit de vote aux militaires, et, en outre, alla jusqu'à décider que tout individu qui aurait pris les armes pour la défense de la nation serait citoyen. C'était indirectement mettre le vote des militaires au service des partis, mais dans ce temps de trouble, il est difficile de se rendre compte de l'influence de ce vote.

Sous l'empire de la Constitution de l'an III, la faveur faite par le décret du 6-20 juillet 1791 aux militaires reçoit une légère atteinte : le droit de vote est enlevé par une loi du 24 ventôse an V à tous les militaires faisant partie d'un *corps armé*, c'est-à-dire accomplissant du service. Mais celui qui est en congé régulier peut voter (1).

C'était le développement de la règle passée dans un décret du 19 ventôse an V et d'après laquelle, les fonctionnaires publics et militaires rentrés à leur domicile par congé ou par la cessation de leurs fonctions, étaient admis aux assemblées primaires et communales des cantons d'où ils ne s'étaient éloignés que pour le service public (2).

A dater de cette législation, un demi-siècle allait

(1) « Tout individu attaché au service des armées ne faisant partie d'aucun corps armé, soit en garnison dans le lieu, soit en rade ayant d'ailleurs les qualités requises, pourra voter dans l'assemblée primaire du canton où il exerce ses fonctions, s'il y avait précédemment son domicile. Duvergier, *Collection des lois et décrets*, t. IX, p. 370.

(2) V. Décret du 19 ventôse an V. Duvergier, p. 367, t. IX.

s'écouler, durant lequel la question de l'électorat militaire ne devait guère susciter de discussions; le règne du suffrage censitaire existait alors, et le résultat de l'application de la loi du 5 février 1817 était de maintenir ou faire reconnaître l'électorat aux militaires qui réunissaient les conditions exigées des électeurs. La qualité de militaire était négligée; celle de censitaire était seule prise en considération. C'est à peine si, avec le progrès de la législation, une faveur est faite par la loi du 19 avril 1831, au profit des militaires en retraite non censitaires; l'électorat était subordonné pour eux au paiement d'un cens réduit de moitié (1).

Lorsque le suffrage universel fut proclamé par le décret du 5 mars 1848, celui-ci ne parlait pas expressément des militaires. La question de leur vote avait pourtant été soulevée. Garnier-Pagès rapporte les conclusions du procès-verbal des délibérations du gouvernement provisoire, relatant l'impossibilité de faire voter les soldats dans la commune « sans disperser l'armée d'une manière arbitraire et dangereuse pour la sécurité nationale (2) ». Cependant les journées sanglantes de Février ayant creusé un fossé profond entre l'armée et la nation, le gouvernement provisoire fut conduit à admettre le vote des mili-

(1) V. l'art. 3 de la loi du 19 avril 1831 dans *les Constitutions de la France*, par Duguit et Monnier, p. 219.

(2) Garnier-Pagès, *Histoire de* 1848, t. III, p. 219.

taires pour ramener entre les adversaires une confiance réciproque. Ce fut l'objet d'une instruction du 8 mars 1848 (1) (art. 37). Les nouveaux électeurs devaient se réunir en sections, comprenant chacune les citoyens d'un même département sous la présidence du chef le plus élevé en grade; le vote devait se faire par département et par commune d'après le mode suivi dans les assemblées électorales de chaque canton de la France.

Le dépouillement (art. 38) devait suivre immédiatement la clôture du vote et le résultat du scrutin envoyé par le président du bureau aux commissaires des départements respectifs, auxquels appartenaient les votants. La somme des voix des militaires s'ajoutait ainsi à celle des électeurs du département. Les préférences de l'armée étaient de la sorte publiquement connues. A la vérité, cette opinion n'est pas à dédaigner, et l'histoire prouve, par de nombreux exemples, qu'un gouvernement peut s'emparer du résultat de la consultation de l'armée et s'appuyer sur elle pour la consommation des coups d'État ou la réalisation de projets ambitieux ou dynastiques. Ne citons à l'étranger en 1705 que celui de Sophie, s'appuyant sur la milice de Strelitz dans le dessein de renverser Pierre le Grand; de dom Pedro faisant

(1) V. *Moniteur universel* du 10 mars 1848, p. 579. Cette instruction fut suivie le 15 d'une circulaire du ministre de la guerre très explicative.

cerner le siège de l'Assemblée constituante du Brésil (mai 1823) par l'armée. En France, les exemples de Charles X abandonné par ses troupes, de Napoléon-Bonaparte préparant, lentement mais sûrement, l'opinion de l'armée en sa faveur et se proclamant empereur, avec l'appui du général de Saint-Arnaud, sont aussi instructifs. Et lorsque cette opinion se manifeste, comme dans ces dernières conditions, par le vote de ceux qui, par état, doivent être soumis au dogme de l'obéissance passive, le danger devient imminent.

Quoi qu'il en soit à cet égard, le régime suivi en 1848 avait pour résultat dernier de rendre secret le vote du soldat isolé, public, au contraire, celui de l'armée considérée comme une masse. Il y avait là un état de choses défectueux; de là, pour en atténuer les inconvénients, la proposition que Callet, citant des faits précis à l'appui de sa motion, faisait à la séance du 7 mars 1849, et dont le but était de faire décréter la suspension de l'exercice du droit électoral pour les militaires des armées de terre et de mer pendant toute la durée de leur service actif.

En effet, disait l'orateur, voici ce qui arrive : « Il y a des départements qui ont dans l'armée 7000, ou 8000 ou 10 000 de leurs enfants... Voilà des hommes éloignés de leur pays depuis 6 mois, 2, 3, 5 ans. Vous voulez que ces hommes, qui sont étrangers aux besoins actuels, aux souffrances actuelles de leur département, à leurs intérêts actuels, qui ne sont pas dans le courant de l'opinion publique, qui n'entendront pas discuter sous leurs yeux des candidatures, qui ne recevront pas les témoignages de leurs parents, de leurs amis, de tout le monde sur tel ou tel candidat, viennent jeter leur voix dans la balance! Alors ce n'est pas l'opinion du département que vous aurez.

« Savez-vous ce qui est arrivé aux dernières élections du mois d'avril 1848, un délégué du gouvernement provisoire à la sous-préfecture fit une liste de candidats dans laquelle il se porte naturellement. Puis il l'envoie sous le sceau de la préfecture à tous les régiments avec une apostille qui nous dit que cette liste est l'expression du sentiment public... c'est ainsi qu'on fausse la sincérité du suffrage universel (1). »

L'amendement ne fut pas admis, mais l'idée qui l'avait inspiré fut comprise par les auteurs de la loi du 31 mai 1850. L'exposé des motifs de ce dernier document rappelait en effet qu'à raison de l'organisation du vote dans l'armée le vote était public quant à ses résultats, connu avant même que le scrutin ne fût ouvert dans les autres sections électorales; d'où cette proposition, défendue par les rapporteurs de la loi, et accueillie par l'assemblée, que les bulletins ne seraient plus dépouillés dans les

(1) V. *Moniteur universel* du 7 mars 1849.

sections où ils auraient été reçus, mais transmis, après avoir été clos et cachetés en présence du bureau, au préfet de chaque département pour être confondus avec ceux des autres électeurs, avant le dépouillement général (1). »

Si l'électorat était dangereux, que dire de l'éligibilité? Les faits de pression sont évidents. Les sergents Boichot, Rattier, commissaires aux élections du 13 mai 1849, furent élus. Le sergent-major Boichot obtint 20000 voix de plus que le maréchal Bugeaud; le sergent Rattier, 3000 voix de plus que le général Rapatel. Des troubles signalèrent plusieurs fois la période électorale et suivirent même les scrutins. Boichot, après son élection, se vit proposer l'épaulette comme prix de son désistement. Ayant refusé, il fut incarcéré; de là des soulèvements, symptômes d'indiscipline, notamment au 7e léger.

Quelques jours après le coup d'État du 2 décembre (2), Napoléon adressait un appel au peuple dans lequel il déclarait vouloir maintenir la république, et un appel à l'armée où la pensée impérialiste était transparente. « Votez donc librement comme ci-

(1) V. art. 12 de la loi du 31 mai 1850 : « Les militaires et marins présents sous les drapeaux continueront d'être répartis dans chaque localité en sections électorales de département. Leurs bulletins seront recueillis et envoyés aux chefs-lieux du département dans un paquet cacheté et confondus dans les diverses sections électorales du chef-lieu avec les bulletins des autres électeurs. »

(2) V. Pierre de la Gorce, *Histoire de la seconde République française*, p. 416 et suiv.

toyens, y disait-il, mais comme soldats, n'oubliez pas que l'obéissance passive aux ordres du chef du gouvernement est le devoir rigoureux, depuis le général jusqu'au soldat. C'est à moi responsable de mes actions devant le peuple et devant la postérité de prendre les mesures qui me semblent indispensables pour le bien public. »

L'électorat était par là même reconnu et confirmé au profit des militaires. Mais ces belles promesses contenues dans l'appel au peuple, le politicien habile qu'était Napoléon III, les devait oublier en partie dans le décret du 2 février 1852. Il n'osa point cependant priver complètement du droit de vote ceux qui l'avaient aidé au coup d'État du 2 décembre. Par ailleurs, il ne voulait pas se montrer moins libéral que ne l'avait été la seconde République. Aussi, le décret du 2 février, art. 14 : « Les militaires en activité de service et les militaires retenus pour le service des ports ou de la flotte, en vertu de leur immatriculation sur le rôle de l'inscription maritime, seront portés sur les listes des communes où ils étaient domiciliés avant leur départ. Ils ne pourront voter pour les députés au Corps législatif, que lorsqu'ils seront présents au moment de l'élection, dans la commune où ils sont inscrits. »

Il suffisait donc, pour empêcher les militaires de prendre part aux votes, de ne point leur donner de permissions. Ce fut en fait la suppression du droit de vote, au détriment des militaires, pour les élections ordinaires. Il n'en devait pas être de même pour les plébiscites auxquels Napoléon les admit par une habileté consommée, soit afin d'éviter le reproche de leur avoir laissé un titre de citoyen fictif, soit afin d'avoir une majorité plus forte. Il le fit au lendemain du coup d'Etat, « pour l'achever, sinon pour le justifier (1) », vis-à-vis du peuple, et 7 millions et demi de voix contre 650,000 ratifièrent le plébiscite suivant : « Le peuple veut le maintien de Louis-Napoléon Bonaparte, et lui délègue les pouvoirs nécessaires pour établir une constitution sur les bases proposées dans sa proclamation du 2 décembre. »

Le plébiscite constitutionnel devait-être, d'ailleurs, sous l'Empire, maintenu, sans distinction entre civils et militaires. Deux autres fois, en effet, en 1852 et en 1870, l'armée par conséquent fut appelée, conjointement avec le peuple, à approuver les intentions du gouvernement. Le 11 novembre 1852, il s'agissait du rétablissement de l'Empire; le 8 mai 1870, de l'approbation d'un régime libéral. Ce qu'il importe de remarquer, c'est que, toutes proportions gardées, l'armée vota exactement dans le même sens que le peuple (2). Il ne faudrait pas en tirer des consé-

(1) V. *Histoire de France* de Corréard. Epoque contemporaine, p. 416.

(2) Résultats du scrutin du 8 mai 1870 : 7,016,227 oui, —

quences en faveur du droit de suffrage politique des militaires. D'une part, le vote du peuple dans les plébiscites n'était pas libre, la réponse attendue par le gouvernement s'imposait. On ne dit point à des électeurs ce que Napoléon lui-même avait fait afficher, au 2 décembre : « Si vous préférez un gouvernement sans force, monarchique ou républicain, emprunté à je ne sais quel passé chimérique, répondez-moi négativement (1). » De même, le préfet des Deux-Sèvres, s'inspirant de ces préceptes, avait dit à ses administrés : « Oui, c'est la vie; non, c'est la mort, choissez. » D'autre part, — et c'est la meilleure preuve, — le décret du 2 février 1852 avait permis de priver arbitrairement les militaires de la faculté d'émettre leurs votes dans les élections législatives, en laissant à leurs chefs hiérarchiques toute discrétion de les retenir dans les casernes le jour de l'élection. D'ailleurs, leurs voix seraient allées aux candidats de l'empereur, inutiles dès lors, car toutes les mesures destinées à faire élire les candidats officiels étaient surabondamment prises. Faire voter l'armée, c'eût été lui faire jouer un rôle indigne d'elle; elle ne pouvait que gagner à s'abstenir. Il convient, au surplus, de faire remarquer le caractère relatif de la suppression, en fait, du droit

1,495,144 non, — 1,813,489 abstentions. Vote de l'armée : 249,492 oui, — 40,181 non. Marine : 23,759 oui, — 5,874 non.

(1) **V. Corréard,** *op. cit.*, **p. 414.**

de vote chez les militaires : elle n'atteignait pas les troupes mi-partie civiles, mi-partie militaires, gardes forestiers, gardes de Paris, gendarmes (1).

Ce régime dura jusqu'à la proclamation de la République, le 4 septembre 1870. Un mois après, le 3 novembre, le gouvernement de la Défense nationale demandait, dans un plébiscite, à la population parisienne de lui dire si oui ou non elle lui maintenait ses pouvoirs. Comme il considérait le suffrage universel comme un principe fondamental de droit public, et que, d'autre part, il ne voulait pas paraître moins libéral que l'empereur, il ne fit aucune distinction entre les défenseurs de Paris. « Il est donc bien entendu, disait-il dans une proclamation faite la veille de l'élection, que la garde nationale mobile de l'armée de terre et de mer votera comme tous les citoyens. L'intérêt de la défense exige naturellement qu'elle vote dans les lieux qui leur seront désignés par l'autorité militaire (2). »

Jamais, même en 1848, le suffrage universel n'avait été poussé aussi loin : en mars 1849, le vote des militaires en campagne avait été repoussé par l'Assemblée nationale.

Il y avait des raisons à ce libéralisme, le gou-

(1) On en trouverait la preuve dans l'instruction du ministre de l'intérieur de 1873, p. 211, dans la discussion de l'art. 5 de la loi du 27 juillet 1872. V. séance du 24.

(2) V. *Journal officiel* du 3 novembre 1870.

vernement avait besoin de se sentir appuyé par les voix de la garde nationale. La journée du 31 octobre, dans laquelle les membres du gouvernement de la Défense nationale, le général Trochu, Emmanuel Arago, Jules Ferry, Garnier-Pagès, Jules Fabre, avaient été retenus comme otages à l'Hôtel de Ville, avait été mauvaise pour lui; il sentait le besoin d'avoir comme appui l'opinion publique. Le vote fut tel qu'il l'attendait; 275,224 voix contre 19,383, lui donnèrent leur confiance.

Le 29 janvier 1871 parut un décret portant convocation des collèges électoraux à l'effet d'élire l'Assemblée nationale. Le vote des militaires fut admis sans difficulté au fond et en la forme conformément à la tradition de 1849 (1).

C'était, en somme, la reprise du système de 1848

(1) V. Décret du 29 janvier, art. 9 : « Les militaires présents sous les drapeaux voteront pour l'élection des députés du département où ils sont inscrits comme électeurs. Les six premiers paragraphes de l'art. 62 de la loi du 15 mars 1849 seront observés. Pour les militaires en campagne ou faisant partie de la garnison d'une place en état de défense, le vote aura lieu conformément aux dispositions prises par le chef de corps ou le commandant de la place (Duvergier, *op. cit.* Année 1870, p. 8).

V. aussi l'instruction du ministère de la guerre du 31 janvier 1871 : « Il est formé dans l'enceinte de la capitale autant de sections électorales qu'il y a de départements. Cette mesure ne souffre d'exceptions que pour les départements qui ne seraient pas représentés à Paris par au moins cinq électeurs militaires. Pour ces départements, les électeurs militaires remettent leurs bulletins de vote cachetés au commandant de la place de Paris qui les transmet au ministre de la guerre avec un bordereau spécifiant à quel département ces bulletins se rapportent. »

mais plus libéral encore. Cependant ces idées libérales sont faciles à expliquer. A cette époque, la France n'avait plus d'armée ou plutôt la nation presque tout entière, était sous les armes.

Mais il n'y a pas que les assemblées législatives à la représentation desquelles tout électeur peut aspirer et il importe de savoir si les militaires avaient accès aux conseils régionaux. Une loi du 10 août 1871 avait admis les militaires à concourir avec les autres citoyens à la composition des conseils généraux : l'unique restriction consistait à déclarer inéligibles seulement les généraux commandant les divisions et les subdivisions territoriales dans l'étendue de leur commandement. Dès qu'un officier général avait été relevé de son commandement il pouvait immédiatement être élu conseiller général dans un canton de la circonscription où il commandait auparavant. Cette loi ne faisait que l'application d'une idée générale en pareille matière, en voulant empêcher aux officiers ayant un commandement territorial d'exercer une action directe sur le recrutement, et de se servir de l'influence que leur donnent ces fonctions pour être élus; si un officier contrevenait à la loi, il devait être déclaré démissionnaire par le conseil général.

La loi du 22 juin 1833, relative aux conseils d'arrondissement, assimilait les militaires aux autres citoyens : en effet, elle renvoie au décret du

3 juillet 1848 lequel ne prévoit aucun cas d'incompatibilité.

De même les militaires jusqu'à la loi du 5 avril 1884 furent éligibles aux conseils municipaux, nous verrons quelles furent les lois qui empêchèrent cette singulière anomalie de subsister, à savoir qu'un militaire inéligible à la Chambre ne le fût pas aux différents conseils locaux (1).

La question de leur admission aux assemblées législatives fit, au contraire, dans les trente dernières années, l'objet de fréquentes discussions et de propositions variées.

Lorsque fut discutée la loi sur le recrutement du 27 juillet 1872, le rapporteur de la commission, M. Chasseloup-Laubat, dans un long commentaire sur l'art. 5 qui prive les hommes sous les drapeaux du droit de voter, affirmait, dans la séance du 31 mai 1872, que le but de la commission avait été non point de trancher l'une quelconque des questions électorales, mais seulement de rendre impossible une cause de discorde et d'insubordination dans les rangs de l'armée. Et sa conclusion, d'ailleurs fort soutenable, était qu'il convient de laisser à l'armée « sa belle et pure mission... Que les hommes qui la composent n'aient qu'à s'occuper de se perfectionner dans leur art, dans leur métier...

(1) V. au chapitre : Suspension de l'éligibilité, p. 61 et suiv.

Elle appartient au pays tout entier, c'est en cela qu'elle est grande... »; d'où ce devoir de justice sociale « de ne point la rapetisser à la taille des partis » (1).

M. Chasseloup-Laubat rencontra cependant de l'opposition de la part de MM. Millaud, Farcy, le colonel Denfert, qui proposaient purement et simplement la suppression de l'art. 5. D'après M. Millaud, le porte-parole de l'opposition, adopter l'art. 5, c'était vouloir que les élus de la nation ne fussent que les élus d'une partie de la nation. L'Assemblée, cependant, adopta l'article par 628 voix contre 35.

A la même séance, M. Raoul Duval, tout en acceptant le principe de l'inéligibilité des militaires en activité de service, proposait, à titre d'amendement, la cessation de cette inéligibilité trois mois après que les militaires eussent cessé d'appartenir à l'armée active. Lui aussi ne manquait pas de montrer les dangers éventuels d'une élection qui deviendrait la récompense d'un acte d'insubordination manifeste : tel militaire d'un grade quelconque, ayant été justement puni, irait siéger à l'Assemblée côte à côte avec le chef qui l'aurait justement frappé. Et il insistait non sans force sur l'égalité établie temporairement entre l'inférieur de la veille et celui qui se retrouverait peut-être supérieur le len-

(1) *J. officiel*, séance du 31 mai 1872, p. 3638.

demain; l'amoindrissement de l'autorité des chefs se jetant dans les partis; la présence des militaires dangereuse en tant qu'elle risque de faire discuter à la tribune par un officier l'exécution de telle ou telle fonction qui lui incomberait comme militaire; le peu de chances enfin des illustrations militaires pour se développer au contact de la vie politique.

M. Jules de Lasteyrie se montra fort opposé à ces restrictions de l'éligibilité des militaires s'appuyant sur cette idée que l'armée étant l'un des plus grands intérêts de la nation, il lui fallait des représentants. Aux souvenirs de 1848 rappelés par les précédents orateurs, il opposait la mémoire des généraux Lamoricière, Bedeau, le Flô, Changarnier, Cavaignac (1). Néanmoins ses idées ne furent point acceptées et une majorité de 408 voix contre 101 repoussa son amendement.

Le principe posé par l'art. 5 passa dans l'art. 2 de la loi organique du 30 novembre 1875 dont voici en partie la teneur : « Les militaires et assimilés de tous grades et de toutes armes des armées de terre et de mer ne prennent part à aucun vote quand ils sont présents à leurs corps, à leur poste ou dans l'exercice de leurs fonctions. »

La discussion de cet article, à la séance du 5 juin 1874 (2), fournit à M. le vicomte de Meaux,

(1) V. *J. officiel*, même séance.
(2) V. *J. officiel*, 1874, p. 3755 et suiv.

l'occasion de déposer, au nom de la commission des Trente, dont M. Batbie était alors le président, un projet tendant à élever la majorité électorale de 21 à 25 ans, ce qui aurait eu pour résultat d'effacer toute différence entre les militaires et les non-militaires.

Louis Blanc combattit cette proposition comme « une mutilation du suffrage universel », supprimant sans utilité plus d'un demi-million d'électeurs. Il fut appuyé par Gambetta, qui, tout en combattant l'exercice du droit de vote des militaires en activité de service (1), réclamait tout au moins à leur profit le maintien du titre de citoyens.

Il rappelait à ses collègues que, deux ans auparavant, ils avaient pris l'engagement de maintenir le droit à ces soldats, auxquels ils avaient refusé l'exercice du droit électoral, l'engagement que, rentrés dans leur commune, mutilés peut-être par la guerre avant cet âge de vingt-cinq ans, ils retrouveraient cette précieuse communauté, cette solidarité de sentiments politiques qui fait que, même sous les drapeaux, ils n'en sont pas moins participants à la vie de la France.

En présence du revirement de l'opinion, M. Batbie retira son projet. La commission des Trente donna sa démission le 18 mai 1875, et, le 25, fut rem-

(1) V. *J. officiel*, 31 mai 1872, p. 3635 : « Je ne suis pas pour le vote de l'armée ».

placée par une nouvelle commission dont M. de Marcère était président. Elle fit voter sans discussion le texte qui est devenu l'art. 2, et dont la formule était cependant empruntée à M. Batbie.

En ce qui concerne l'art. 7 (1), l'un des plus importants de la loi, la commission avait d'abord proposé la rédaction suivante : « Les maréchaux et les amiraux, les officiers généraux des armées de terre et de mer et les assimilés en activité de service, les militaires en retraite ou en réforme, les officiers généraux placés dans le cadre de réserve et les soldats, sous-officiers et officiers de la réserve de l'armée active, seront éligibles aux conditions fixées par la présente loi. L'éligibilité est suspendue à l'égard des autres militaires assimilés de tout grade qui sont liés au service de l'armée active de terre ou

(1) Art. 7 : « Aucun militaire ou marin faisant partie des armées actives de terre ou de mer ne pourra, quels que soient son grade ou ses fonctions, être élu membre de la Chambre des députés. Cette disposition s'applique aux militaires et marins en disponibilité ou non-activité, mais elle ne s'étend ni aux officiers placés dans la seconde section du cadre de l'état-major général, ni à ceux qui, maintenus dans la première section comme ayant commandé en chef devant l'ennemi, ont cessé d'être employés activement, ni aux officiers qui, ayant des droits acquis à la retraite, sont envoyés ou maintenus dans leurs foyers en attendant la liquidation de leur pension.

« La décision par laquelle l'officier aura été admis à faire valoir ses droits à la retraite deviendra dans ce cas irrévocable.

« La disposition contenue dans le premier paragraphe du présent article ne s'applique pas à la réserve de l'armée active, ni à l'armée territoriale. »

de mer. Les bulletins portant le nom d'un militaire inéligible sont déclarés nuls et ne comptent pas dans le dépouillement : ils sont joints au procès-verbal. »

Ce texte frappait d'inéligibilité seulement les militaires ou assimilés faisant partie de l'armée active, sauf une exception en faveur des maréchaux, amiraux et officiers généraux. Or la nouvelle rédaction n'en parle pas. Le général Billot en fit la remarque aux membres de la commission et au ministre de la guerre : afin d'éviter toute équivoque, il posa catégoriquement la question de leur éligibilité. Vouloir écarter des hommes comme le général Baraguey d'Hilliers, Canrobert et autres, lui semblait une injustice. M. de Cissey lui répondit que leur place était au Sénat, plutôt qu'à la Chambre.

Mais si le principe que le militaire en activité de service semble devoir faire exclure le maréchal de France, qui reste sur la brèche jusqu'au jour de sa mort, ce n'était pas y déroger que de le rendre éligible, car son activité n'aurait pas dû être confondue avec celle des autres militaires. En effet, la principale raison donnée pour justifier l'exclusion des militaires est la nécessité de maintenir la discipline, et de ne pas exposer le supérieur et l'inférieur, membres d'une même assemblée, à se trouver en lutte. Or cet inconvénient n'existe pas pour les maréchaux, qui, comme le faisait remarquer avec justesse le général Billot, n'ont pour supérieur que le ministre de la guerre.

Il est vrai que les militaires avaient, en quelque sorte, une compensation, puisque l'accès du Sénat ne leur était point interdit. La loi du 24 février 1875 statuait, dans son art. 3, que « nul ne peut être sénateur, s'il n'est Français, âgé de quarante ans au moins, et s'il ne jouit de ses droits civils et politiques ». Par là même, elle limitait le nombre des inéligibilités. Les constituants avaient surtout pensé que la composition du corps électoral offrait des garanties suffisantes, et qu'il était inutile d'en chercher d'autres en imposant aux électeurs l'obligation de faire porter leur choix exclusivement sur certaines classes de personnes. Mais la question demeurait entière de savoir si les cas d'incompatibilité et d'indignité prévus pour les députés seraient ou non applicables aux sénateurs.

M. Raoul Duval proposa un amendement qui décidait de la question, et étendait aux sénateurs les incompatibilités admises à l'égard des députés. Si cette proposition n'eût pas été écartée, la porte du Sénat eût été fermée aux militaires. La loi du 2 août 1875 lève tout doute à cet égard : elle n'édictait pour eux aucune incompatibilité (1). Elle décla-

(1) V. Bequet, *Répertoire de droit administratif*, le mot Armée, n° 225.

rait simplement que les officiers de l'armée active, intendants et sous-intendants militaires, tout comme les fonctionnaires, ne pourraient pas être élus par un département compris, en tout ou en partie, dans leur ressort, pendant l'exercice de leurs fonctions et pendant six mois après leur cessation. Ainsi, l'incompatibilité qui était la règle à la Chambre des députés était, au contraire, l'exception au Sénat (1).

La loi du 9 décembre 1884 s'est montrée, sur ce point, beaucoup plus sévère. L'art. 5 porte, en effet, que les militaires des armées de terre et de mer ne peuvent être élus sénateurs, sauf un petit nombre d'exceptions qui répondent, pour la plupart, à celles admises pour les députés par la loi du 30 novembre 1875. Nous verrons, en effet, que l'égalité entre les deux Chambres, bien que n'étant pas encore établie dans la législation actuelle, existe au moins quant aux incompatibilités depuis la loi du 26 novembre 1887.

La loi municipale du 5 avril 1884 n'apporta aucun changement au vote des militaires. Une circulaire du 10 avril, du ministre de l'Intérieur, confirmant cette solution porte, en effet, que « la situation des militaires, au point de vue électoral, est la même, Ils ne sont pas privés de la capacité électorale, puisqu'ils doivent être inscrits sur la liste de la com-

(1) V. Esmein, *op. cit.*, 2e éd. p. 656.

mune où se trouve leur domicile de recrutement. Mais l'exercice du droit de vote est suspendu pour eux, tant qu'ils sont au corps (1) ».

L'observation avait déjà été faite précédemment.

Telle était la législation au moment où fut votée la loi du 15 juillet 1889.

Au cours des débats parlementaires qui la précédèrent, de nouveau, la question du vote des militaires fut posée. M. Maillard, l'auteur de l'amendement, ne donnait guère qu'une réédition des idées de 1848 (2).

La Chambre ne partagea pas les idées de M. Maillard, qui voyait dans l'absence du vote des militaires une atteinte à l'universalité du suffrage.

Il résulte donc de cette législation, sauf de rares exceptions, que les militaires ne peuvent-être ni électeurs, ni éligibles pour des raisons de discipline. Par suite, dès que les inconvénients mis en

(1) V. *Bulletin du ministère de l'intérieur*, année 1884, p. 166.

(2) En voici la teneur : « Les militaires et assimilés de tous grades et de toutes armes des armées de terre et de mer et présents à leur corps, à leur poste dans l'exercice de leurs fonctions, sont portés sur les listes électorales des communes où ils étaient domiciliés avant leur départ et sont admis à voter pour l'élection des députés, conformément aux art. 2 de la loi organique électorale du 15 mars 1849 et 12 de la loi électorale du 31 mai 1850. Néanmoins l'exercice du droit électoral est suspendu pour les armées en campagne et pour les marins de la flotte se trouvant en cours de navigation. Ceux qui, au moment de l'élection, se trouvent en résidence libre, en non-activité ou en possession d'un congé régulier, peuvent voter dans la commune sur la liste de laquelle ils sont régulièrement inscrits. » Cette proposition fut repoussée par 516 voix contre 14.

relief ne sont plus à redouter, qu'il n'y a plus lutte entre chefs et subordonnés, le militaire reprendra l'exercice de ses droits électoraux; il votera dans la commune où il est régulièrement inscrit. Aux termes de la loi de 1889, cette situation peut se présenter dans quatre cas : mise en résidence libre, mise en non activité, mise en disponibilité ou dans le cadre de réserve.

Hormis ces exceptions, le militaire ne sera pas électeur, il ne sera pas davantage éligible. Ce sont, d'ailleurs, des points que nous laissons momentanément, pour suivre l'évolution jusqu'à nos jours. L'art. 9 dit, en substance, que les citoyens sous les drapeaux et présents à leur corps ne peuvent prendre part à aucun vote. C'est la reproduction presque textuelle de l'art. 2 de la loi du 30 novembre 1875.

Est-ce à dire que les militaires n'auront plus jamais l'exercice des droits politiques?

Il serait téméraire de répondre par l'affirmative. Il semble que la question ait pris une tournure nouvelle, qu'elle dépende des progrès du socialisme. En effet, ce sont des socialistes modérés qu'émanent les deux dernières propositions tendant au vote de l'armée; car pour les socialistes avancés « la démocratie socialiste est internationale », par conséquent, n'a pas besoin de soldats (1).

(1) V. le compte-rendu du Congrès socialiste de Stuttgard, 1898, dans la *Revue socialiste* de janvier 1899, p. 4.

L'avant-dernière proposition fut faite à la Chambre, le 8 mars 1894 (1), par Jules Guesde et plusieurs de ses collègues. Il est dit, dans l'exposé des motifs, que d'une main le législateur a conféré à tous les citoyens français, âgés de vingt et un ans, le titre d'électeurs, et qu'il le leur enlève de l'autre en privant de l'exercice des droits politiques tous les militaires. Il eût mieux valu, disaient les auteurs du projet, décider que la majorité politique ne commencerait qu'à vingt-quatre ans. A Rome, en Grèce, il fallait être citoyen actif pour avoir le droit de porter les armes. En Suisse, le soldat, resté citoyen, ne cesse jamais d'être électeur.

Priver le soldat de ses droits politiques, concluaient les auteurs du projet, constituait un « crime de lèse-nation ». Bref, ils résumaient la proposition en ces deux articles :

Art. 1er. — Est abrogé l'art. 9 de la loi du 15 juillet 1889.

Art. 2. — Une loi spéciale déterminera dans quelles conditions les militaires et assimilés de tous grades et de toutes armes pourront prendre part au vote.

Les membres de cette commission avaient, il est vrai, prévu l'objection que faire voter l'armée c'était préparer les coups d'État. Ils croyaient y répondre

(1) V. *J. officiel*, 1894, Chambre annexe 475, p. 377.

victorieusement, en citant l'exemple de la Suisse où l'armée était « la plus respectueuse de la loi ». Mais ce qui est vérité au delà du Jura pourrait bien être erreur en deçà. Le peuple suisse, comme le peuple des États-Unis, est capable d'une sagesse réfléchie que le Français, « né léger », n'aurait peut-être pas. De Tocqueville disait, en parlant du peuple anglo-saxon, qu'il avait fait son éducation politique : on pourrait le dire du peuple suisse qui lui ressemble étrangement.

Que ce fait, de priver les militaires du droit de vote constitue un crime de lèse-nation, une injure, il faudrait le démontrer; le corps électoral, dirons-nous, avec Charles Benoist, n'est pas un corps inorganique et comporte, dans une certaine mesure, « une mutilation du suffrage universel ».

Le même accueil fait à cette proposition fut réservé à un projet plus récent, émanant de MM. Fournière, Clovis Hugues et de certains leaders socialistes : les événements politico-judiciaires récents en fournirent l'occurrence au 20 décembre 1898 (1).

De l'exposé des motifs, si toutefois on peut lui donner ce nom, ainsi que le faisait constater à la Chambre M. Charles Ferry, nous ne retiendrons, voulant nous mettre au-dessus des idées de partis, que la teneur de l'article final : « Sont abrogées les

(1) V. *J. officiel,* 20 décembre 1898, p. 2524.

dispositions législatives enlevant l'exercice de leurs droits politiques aux militaires en activité de service. »

C'était purement et simplement la reprise des idées socialistes de la législature précédente.

Le président du conseil, M. Charles Dupuy, ne pouvait les admettre. Pour lui, comme pour la Chambre presque tout entière, puisque la proposition fut repoussée par 467 voix contre 26, accorder l'exercice des droits politiques à l'armée équivalait à sa suppression. D'un mot emprunté à un président de la République vingt ans auparavant, il rappela le double rôle de l'armée : la défense du territoire et la protection des lois.

Nous n'insisterions pas davantage sur cette dernière proposition, si nous ne voyions dans le rapprochement avec la précédente une signification bien évidente. Pourquoi le parti socialiste est-il aussi acharné à demander les droits politiques pour le soldat? Pourquoi cette revendication a-t-elle été inscrite dans son programme?

C'est que, grâce à l'indiscipline, elle amènerait finalement la dissolution de l'armée : conséquence logique pour ceux qui ne veulent plus de frontières. Et nous n'avançons rien par cette réponse. Si nous ouvrons, en effet, la *Revue socialiste* de mars 1898 (1),

(1) V. *Revue socialiste* de mars 1898 l'article de Paul Louis, p. 322 : « Une législature ».

nous y lisons : « Le socialisme est resté fidèle à sa tradition révolutionnaire et pacifique en déposant un projet de désarmement général (proposition Dejeante), fidèle aussi à sa tradition antimilitariste en revendiquant avec Vaillant la suppression des armées permanentes. »

Or les noms de MM. Dejeante, Vaillant, Fournière, figurent parmi ceux des auteurs des dernières propositions tendant au vote des militaires. Il est aisé de conclure ce qu'on en peut attendre.

CHAPITRE II

Suspension du droit de vote.

§ Ier. — *Les militaires n'ont pas l'exercice des droits électoraux.*

A. — Loi du 15 juillet 1889, art. 9. — Les militaires ont la jouissance des droits électoraux, mais ils n'en ont pas l'exercice. Tel est le principe édicté par l'art. 9 de la loi du 15 juillet 1889 : « Les militaires, y est-il dit, et assimilés de tous grades et de toutes armes des armées de terre et de mer, ne prennent part à aucun vote quand ils sont présents à leur corps, à leur poste ou dans l'exercice de leurs fonctions. Ceux qui, au moment de l'élection, se trouvent en résidence libre, en non-activité ou en possession d'un congé, peuvent voter dans la commune sur la liste de laquelle ils sont régulièrement inscrits. Cette dernière disposition s'applique également aux officiers et assimilés qui sont en disponibilité ou dans le cadre de réserve (1). »

(1) *Sanction de l'art.* 9. — La sanction de l'interdiction édictée à

Quels sont donc les militaires admis à voter? La réponse nous est donnée par la circulaire du ministre de la guerre et de la marine de 1873. Ce sont :

1° Les militaires et assimilés de tous grades et de toutes armes en activité qui se trouvent en congé régulier dans la commune où ils ont leur domicile légal, et sur la liste de laquelle ils sont inscrits.

Par militaires en activité ou assimilés, on doit entendre :

a). Dans l'armée de terre, non seulement ceux qui appartiennent aux corps de troupe, mais encore les officiers généraux, les officiers du corps d'état-major, les fonctionnaires de l'intendance, les officiers du corps de santé, les officiers d'administration, les vétérinaires militaires, les militaires de la gendarmerie (1), de la garde républicaine, les sapeurs-pompiers de Paris, les officiers de recrutement, de remonte militaire, interprètes, etc.

b). Dans l'armée de mer, le corps de la marine,

l'art. 9 est de deux sortes. Elle résulte tant des mesures disciplinaires auxquelles l'autorité militaire peut avoir recours que de l'annulation éventuelle des résultats du scrutin, dans le cas où ils pourraient avoir été modifiés par l'admission illégale du vote des militaires. Ce vote doit être déduit tant du chiffre des suffrages exprimés que de ceux obtenus par les candidats proclamés. (C. d'Etat, 27 mars 1885, Brignoles.)

(1) Sous l'empire de la législation de 1852 jusqu'à 1872, les gardes de Paris, sapeurs-pompiers de Paris et les gendarmes considérés comme des fonctionnaires publics à raison de leur caractère mixte purent prendre part au vote. L'art. 5 de la loi du 27 juillet 1872 les assimile aux militaires des autres armes.

les mécaniciens maritimes, gendarmes maritimes, l'artillerie et l'infanterie de marine, le corps des ingénieurs hydrographes, le corps du commissariat de la marine, le corps de l'inspection des services administratifs, le personnel administratif des directions de travaux, le personnel du service de manutention, le corps de santé de la marine, les aumôniers, les équipages de la flotte, les sous-officiers, caporaux et soldats, le personnel des infirmiers de la marine, gardes-chiourmes, etc.

Résidant dans la commune où ils sont inscrits comme électeurs;

2° Les officiers généraux du cadre de réserve et les officiers en disponibilité ou non-activité;

3° Les jeunes gens du contingent et les engagés volontaires qui se trouvent dans leurs foyers avant d'avoir paru sous les drapeaux;

4° Les militaires en disponibilité dans les conditions déterminées par la loi du 27 juillet 1872.

5° Les militaires de la réserve de l'armée active (1).

B. — EXCEPTIONS EN FAVEUR DE CEUX QUI AU MOMENT DU VOTE SONT : *a*) *en résidence libre; b*) *en non-activité; c*) *en congé régulier; d*) *en disponibilité.* — Donc, participent aux élections les militaires : *a*) en résidence libre; *b*) en non-activité; *c*) en congé; *d*) en disponibilité.

(1) *A fortiori* de la territoriale. V. *Bulletin officiel du ministère de l'intérieur*, 1873, p. 214.

a). *En résidence libre.* — La résidence libre d'après ce qu'en ont dit M. Georges Roche, à la Chambre, le 20 juin 1887, et M. l'amiral Jaurès, au Sénat, le 26 avril 1888, ne s'applique qu'aux officiers de marine. Elle leur est accordée après un long stage aux colonies, une campagne fatigante, et remplace, dans ce cas, un congé de convalescence : elle a l'avantage sur lui d'une diminution de solde. Elle peut être accordée la veille de l'élection, ainsi que le signalait M. Georges Roche, et dans ce cas; s'il n'est pas contraire au texte de la loi que le militaire dépose son bulletin dans l'urne, du moins cela est-il contraire à l'esprit de la loi. L'orateur précédent demandait à ce que le droit de vote ne fût attaché à la résidence libre que si elle durait depuis trente jours au moins. En présence de ce cas exceptionnel, qui constitue, il est vrai, un danger, la Chambre n'a cependant pas voulu innover, et a laissé subsister cette disposition de la législation de 1875 sur l'avis du rapporteur.

Des explications furent données au Sénat par l'amiral Jaurès. Après avoir répété les motifs en vertu desquels elle était accordée, énuméré ses avantages, il conclut qu'elle conférait au titulaire un vote effectif, dans la commune où il était né, sur présentation de la permission de résidence libre.

b). *Non-activité.* — La non-activité ou service non effectif s'étend aussi bien aux officiers qu'aux soldats.

Elle comprend, parmi les officiers (1), les officiers mis en non-activité pour infirmités temporaires ou encore pour retrait ou suppression d'emploi, et les officiers de la réserve et de la territoriale en dehors des périodes d'exercices. Notons que les officiers retraités ou réformés ne sont pas dans le cas des précédents : ils ne font plus partie de l'armée.

Parmi les hommes de troupe en non-activité, on peut citer ceux qui sont renvoyés par anticipation dans leurs foyers avant l'expiration du terme légal de leur service par application des art. 40 et 46 de la loi du 15 février 1889, et les hommes renvoyés après un an en considération soit de leur numéro (class 92) soit de leur motif de dispense, décès du père, etc. (art. 21-22-23).

Les ajournés (art. 27), les hommes placés dans les services auxiliaires, les exemptés (art. 20) et les jeunes gens ayant tiré au sort et passé le conseil de revision sont aussi en non-activité et peuvent voter s'ils remplissent les conditions générales.

c). *Congé*. — L'art. 2 du décret du 27 novembre 1868 entendait par congé une permission d'absence de plus de trente jours. La jurisprudence ministérielle et le Conseil d'Etat, avant 1889, appliquaient cet article au cas qui nous occupe. C'est du moins ce que relatent une circulaire du ministre de

(1) V. Rabany, *Loi sur le recrutement*, p. 160 et suiv.

la guerre, du 24 février 1876, et deux décrets du Conseil d'Etat, l'un du 6 août 1881, l'autre du 16 décembre de la même année. Des travaux préparatoires de la loi du 15 juillet 1889, il résulte que le sens du mot congé est resté le même (1). Par conséquent, les bénéficiaires seuls d'un congé de plus de trente jours peuvent voter. Mais les militaires, — et le cas est fréquent, — à qui une première permission d'un mois aurait été accordée, en obtiendraient une seconde à valoir après la première, ne pourraient le faire.

Rappelons que le mot « régulier » ajouté au mot congé a été supprimé dans la rédaction de 1889. M. le général Billot a soutenu au Sénat que le mot congé suffisait et qu'il correspondait au renvoi du militaire dans ses foyers avec une autorisation régulière d'y passer plus de trente jours.

d). *Disponibilité et cadre de réserve*. — La disponibilité et le classement dans le cadre de réserve sont propres aux officiers généraux et assimilés. L'officier général disponible compte dans les cadres, mais n'a pas d'emploi, bien qu'étant considéré comme en activité de service.

L'officier général classé dans le cadre de réserve

(1) V. Séance du 20 juin 1887. M. Laisant rapporteur : « Je crois que la jurisprudence en ce qui concerne ces mots « congé régulier » a été invariable, qu'il a été entendu par toutes les personnes appelées à appliquer la loi, que les mots congé régulier voulaient dire congé dans le sens militaire, c'est-à-dire congé dépassant 30 jours, et non pas inférieur à 30 jours, ces derniers congés prenant le nom de permission ».

(2e section de l'état-major général) cesse toute fonction active, mais, à la différence de l'officier retraité, il fait encore partie de l'armée et il peut être employé en cas de guerre.

C. — *De la condition des militaires en permission.* — Les exceptions ne sont pas susceptibles d'être étendues, par conséquent le militaire en permission, suivant M. Laisant, celui qui n'a qu'un congé inférieur à trente jours, ne pourra voter. Le législateur n'a pas voulu que le gouvernement pût, par la promesse de permissions données au jour de l'élection, favoriser la candidature officielle. D'ailleurs, il n'y avait pas d'innovation dans cette façon d'entendre le mot permission ainsi qu'il résulte d'une circulaire du ministre de l'intérieur de 1874. « La question, dit le rapport, s'est élevée de savoir si les militaires en permission d'un mois doivent être considérés comme présents au corps dans le sens de l'art. 5. Sur l'avis conforme du ministre de la guerre, le ministre de l'intérieur a reconnu que la permission, si longue qu'en soit la durée, ne donne point le droit de prendre part aux opérations électorales. Seuls, les militaires, munis d'un titre régulier de congé, peuvent participer au vote sans contrevenir aux dispositions prohibitives de la loi du 27 juillet 1872 (1). » Il s'agit, bien entendu, des

(1) V. *Bulletin officiel du ministre de l'intérieur,* année 1874, p. 585.

soldats de l'armée active puisque la circulaire du ministre de la guerre et de la marine de 1873 signale les militaires de la réserve de l'armée active comme pouvant voter. Cependant telle n'est pas aujourd'hui l'opinion de la jurisprudence pour qui les électeurs réservistes ne peuvent prendre part à aucun scrutin pendant qu'ils accomplissent leur période d'instruction (1). Bien plus, un réserviste ayant obtenu une permission ne peut pas davantage participer au vote, alors même que des permissions eussent été accordées collectivement à tous les réservistes du canton, en vertu d'instructions données par le ministre de la guerre (2). Dans la pratique, afin d'éviter ces inconvénients, les élections générales, tout au moins, n'ont pas lieu pendant les périodes d'exercices (3).

(1) V. Dalloz, Table alphabétique, le mot Elections nos 219 et 222. Conseil d'État, 5 août et 23 décembre 1887. D. P., 88. 5. 191.

(2) Conseil d'État, 10 juillet 1893. D. P. 94. 3. 76.

(3) Voici les dispositions prises par le ministre de la guerre à la date du 12 février 1884 dans le but d'éviter que les hommes de la réserve et de l'armée territoriale ne soient empêchés par les convocations annuelles d'exercer leur droit électoral.

« Dans le cas d'élections générales, les dates des convocations seront fixées de manière à ce que les hommes soient présents dans leurs foyers pendant la période électorale.

« Dans le cas d'élections partielles, n'intéressant que certaines parties du territoire, des sursis d'appel seront accordés aux réservistes et aux hommes de l'armée territoriale de ces régions, qui se trouveraient compris dans une convocation générale ayant lieu en même temps que ces élections partielles.

« Quant à ceux qui, devant également prendre part au vote seraient compris dans les convocations successives ou individuelles, ils seront appelés avant ou après la période électorale. » (Rapporté par Rabany, *op. cit.*, p. 166.)

§ II. — *Les militaires ont la jouissance des droits électoraux et peuvent se faire inscrire sur la liste électorale.*

Du droit pour le militaire de se faire inscrire. Règle générale concernant l'inscription de tous les électeurs : faveurs faites aux militaires.

Le militaire, avons-nous dit, a la jouissance des droits électoraux. Comme tout Français mâle et majeur de vingt et un ans, jouissant de ses droits civils et politiques, il participe à la souveraineté, il est citoyen, partant électeur. Cette dernière qualité se manifeste par le droit qu'a l'intéressé de se faire inscrire sur la liste électorale de sa commune et de réclamer son inscription, s'il a été omis ou radié sans motif de la liste. Il ne faudrait d'ailleurs pas croire que l'inscription des militaires sur la liste électorale n'offre que des avantages purement hypothétiques; certains faits exceptionnels, il est vrai, mais pourtant fréquents, tels que la démission pour un officier, le décès d'un père pour un soldat ayant accompli une année de service, peuvent les faire rentrer inopinément dans la vie civile. A ce titre, l'inscription du militaire sur la liste électorale n'offre pas seulement une grande utilité; mais elle est pour lui un droit s'il remplit les conditions générales.

Plusieurs textes viennent à l'appui de notre solution. Le premier en date, que nous connaissons déjà, est l'art. 14 du décret organique du 2 février 1852, encore en vigueur et ainsi conçu : « Les militaires en activité de service et les hommes retenus pour le service des ports et de la flotte, en vertu de leur immatriculation sur les rôles de l'inscription maritime, seront portés sur les listes des communes où ils étaient domiciliés avant leur départ. »

Le second est l'alinéa 6 de l'art. 14 de la loi du 5 avril 1884, dont voici la teneur : « L'absence de la commune résultant du service militaire ne portera aucune atteinte aux règles ci-dessous édictées pour l'inscription sur les listes électorales. »

Enfin, l'art. 9 de la loi du 15 juillet 1889 parle expressément des listes sur lesquelles les soldats sont régulièrement inscrits : disposition déjà existante dans la loi du 30 novembre 1875 (art. 2) relative à l'élection des députés.

L'inscription sur une liste électorale comporte certains avantages que nous n'avons pas à apprécier, mais dont quelques-uns sont particuliers aux militaires. Pour les faire ressortir, il nous semble indispensable de faire connaître les conditions d'inscription concernant tous les électeurs.

D'après l'art. 14 de la loi du 5 avril 1884, la liste électorale comprend (1) :

1° Tous les électeurs qui ont leur domicile réel dans la commuue ou qui y habitent depuis six mois au moins.

2° Ceux qui auront été inscrits au rôle d'une des quatre contributions directes ou au rôle des prestations en nature, et, s'ils ne résident pas dans la commune, auront déclaré vouloir y exercer leurs droits électoraux; seront également inscrits aux termes du présent paragraphe les membres de la famille des mêmes électeurs compris dans la cote de la prestation en nature, alors même qu'ils n'y sont pas personnellement portés, et les habitants qui, en raison de leur âge ou de leur santé, auront cessé d'être soumis à cet impôt.

3° Ceux qui, en vertu de l'art. 2 du traité du 10 mai 1871, ont opté pour la nationalité française et déclaré fixer leur résidence en France, conformément à la loi du 19 janvier 1871.

4° Ceux qui sont assujettis à une résidence obligatoire dans la commune en qualité, soit de ministres des cultes, soit de fonctionnaires publics.

Quant aux militaires, ils peuvent se faire inscrire, soit sur la liste de la commune de départ, soit, par

(1) V. Ambroise Rendu, Code électoral, le mot « Listes électorales ».

une faveur spéciale, sur la liste de la commune où ils ont fait leur service.

a). *Inscription sur la liste de la commune du départ.* — Pour les jeunes gens entrés dans l'armée en vertu d'appel, le domicile du départ est celui du recrutement; pour les engagés volontaires, c'est le domicile mentionné dans l'acte d'engagement (1). L'absence de la commune résultant du service militaire ne porte aucune atteinte aux règles adoptées par la loi pour l'inscription sur les listes électorales. En effet, l'art. 14 (al. 6) de la loi du 5 avril 1884, qui n'est lui-même que la fidèle reproduction de l'art. 5 de la loi du 7 juillet 1874, dispose que « l'absence de la commune résultant du service militaire ne portera aucune atteinte aux règles ci-dessus édictées, pour l'inscription sur les listes électorales (2).

En d'autres termes, l'art. 14 signifie que le militaire reste domicilié dans sa commune, et doit être maintenu sur les listes s'il y était déjà inscrit au moment de son incorporation. De nombreux arrêts ont été rendus en ce sens. (Cass. Eynard Sirey, 1875. 1. 276; Cass. 30 mai 1870, Dalloz, 70. 1. 113; 24 avril 1877, Sirey, 1877, 1, 430.) La dernière décision repose sur les motifs suivants :

« Attendu que R. est militaire en activité de ser-

(1) V. Pierre, *Traité de droit politique et parlementaire*, p. 135.

(2) Cette disposition se réfère elle-même à l'art. 14 du décret du 2 février 1852 précité.

vice, et que, aux termes du décret du 2 février 1852, art. 14, il doit être inscrit sur la liste électorale de la commune où il était domicilié avant son départ; que par le mot domicilié, ledit décret a entendu le domicile légal de recrutement qui a déterminé l'inscription au tableau de recensement; qu'il est constaté, par un certificat du maire de la commune de..., que R. a été inscrit sur la liste de recrutement de cette commune, que c'est donc conformément aux dispositions du décret que R., avait été porté sur la liste électorale, et qu'en ordonnant sa radiation la décision attaquée a violé l'art. 14... »

De même il a été jugé que le militaire et l'étudiant, l'un sous les drapeaux, l'autre en prenant des inscriptions dans une Faculté de droit, conservent leur ancien domicile et résidence tant qu'ils n'ont pas manifesté l'intention d'en changer, et doivent, par suite, être inscrits sur la liste électorale de la commune de leur ancien domicile (1).

La disposition précitée de l'art. 14 du décret organique du 2 février 1852, qui a passé dans la loi municipale de 1884, est applicable, d'une part, à tous les militaires en activité de service, par conséquent à l'armée de terre comme à l'armée de mer. Le marin inscrit sur le matricule des gens de mer

(1) V. Justice de paix de Carcassone, 23 mai 1883. Cité par Rendu, Code électoral, p. 63.

doit donc être porté sur la liste de la commune où il a satisfait à la loi de recrutement, à moins qu'il n'ait perdu ce droit en allant, depuis sa libération du service, établir sa résidence dans une autre commune. On ne saurait lui contester le droit d'être inscrit sur la liste électorale sous prétexte que depuis des années il a quitté sa commune, n'a pas dû constamment naviguer et a dû passer une partie de ce temps à terre (1). D'autre part, elle s'applique aussi à tous les assimilés : la loi du 30 novembre 1875, art. 2, lève tout doute à cet égard. Auparavant, on s'était demandé si l'art. 14 du décret précité devait être étendu à certaines catégories de militaires ou d'officiers; il avait été décidé que la règle établie par cet article s'appliquait aux militaires occupant des fonctions spéciales à résidence fixe, par exemple aux officiers comptables et sous-officiers d'administration des hôpitaux militaires, aux officiers sans troupes, aux intendants, sous-intendants et employés militaires (2). A cette énumération, l'art. 2 de la loi du 30 novembre 1875 a ajouté les officiers de santé, d'administration, vétérinaires militaires, officiers de recrutement et de la remonte, interprètes

(1) V. Pierre, *op. cit.*, p. 135.

(2) V. Cass. 26 fév. 1850 rej. Grosrichard, Sirey 1850. 1. 464; — Cass. 3 av. 1865 Azemard, Sirey 1865. 1. 383; — Cass. 24 av. 1865 Morati, Sirey 1865. 1. 383; — 17 juin 1868 rej. Jullibert, Sirey 1868. 1. 308.

militaires, enfin tous les militaires ou employés militaires à résidence fixe (1).

En ce qui concerne l'armée de mer, la disposition s'applique aux officiers ou marins attachés au service des ports.

Il est intéressant de constater que l'inscription sur la liste de la commune de départ est la plus fréquente. Sous l'empire du décret du 2 février 1852, c'était, nous l'avons vu, la règle dont Napoléon s'était servi, pour priver en fait les militaires du droit de voter. Ce procédé nous a été emprunté par la législation des Etats-Unis (2). La règle est, en effet, de ne point considérer comme résidant dans le lieu de leur stationnement obligé, les militaires appartenant à l'armée ou à la marine des Etats-Unis.

Tous sont censés avoir conservé chez leurs parents leur domicile antérieur à cette situation passagère. Si donc ce district était hors du district où ils résident momentanément, et c'est le cas habituel avec la répartition des corps de troupe sur les confins du territoire, ils ne pourraient prendre part à l'élection dans ce district. C'est ainsi que par un moyen détourné on est arrivé à soustraire l'armée aux agitations politiques (3).

(1) V. Bavelier, *Dictionnaire de droit électoral*, p. 469.

(2) V. Thèse de Souillard 1896, t. LI : *Du Régime militaire aux États Unis*, p. 174.

(3) Cependant quelques constitutions d'États (New-York, Rhode-Island, Pensylvanie, Michigan, Connecticut, Maryland) font excep-

b). Inscription sur la liste de la commune du service fait. — « Mais si le temps passé sous les drapeaux n'enlève pas la résidence, dit M. Bavelier, il ne saurait, ni en faire acquérir une au militaire qui ne l'avait pas au moment de son départ, ni lui attribuer un droit corrélatif à cette résidence (1). » Telle était, du moins, l'opinion de la jurisprudence rapportée par l'auteur (2). Mais deux arrêts, l'un du 19 mars 1883 (3), l'autre du 26 novembre de la même année, ont consacré une nouvelle opinion que n'a pas changée la loi du 5 avril 1884. Le dernier arrêt dit en substance que si l'absence du militaire de la commune qu'il habitait au moment de son départ, ne fait pas obstacle à ce qu'il soit inscrit pendant qu'il est sous les drapeaux sur les listes électorales de cette commune et que même il s'y fasse inscrire à son retour sans nouvelle et effective résidence, il ne s'ensuit pas qu'après sa libération, il ne puisse obtenir son inscription sur les listes électorales d'une autre commune où il a résidé réellement pendant la durée de son service militaire. Cette solution est applicable à tous les militaires, et

tion à cette règle et permettent aux militaires en service actif de voter dans le lieu de leur stationnement en temps de guerre ou d'insurrection. V. Dareste, *les Constitutions*, modernes, t. II, p. 435.

(1) Avant 1883. V. Bavelier, *op. cit.*, p. 467.

(2) V. Ch. civ. 11 mars 1875 Cass. Eyuard, Sirey 1875. 1. 267; — 24 avril 1877 rej. Labrouve, Sirey 1877. 1. 430.

(3) V. Justice de paix de Murato (Corse), 19 mars 1883, Dalloz 83. 1. 389.

Dalloz observe avec raison que le fait de la résidence est un fait matériel qui doit, quand l'interdiction prononcée contre le militaire par la loi électorale a disparu, reprendre tous ses effets, et, par conséquent, lui rendre la faculté de se faire inscrire sur les listes de la commune où il avait résidé avant sa retraite, c'est-à-dire où il avait accompli son service.

CHAPITRE III

Suspension de l'éligibilité.

§ 1er. — *Inéligibilité des militaires de carrière.*

a). Avantages et inconvénients de cette inéligibilité sous la législation actuelle. — C'est encore l'intérêt de la discipline qui est la base de l'art. 7 de la loi du 30 novembre 1875, reproduit par l'art. 9 de la loi du 15 juillet 1889, comme de l'art. 5 de la loi du 9 décembre 1884, qui interdisent aux militaires l'accès du Palais-Bourbon et du Luxembourg. Mais cet intérêt n'est pas le seul qui ait fait imposer aux officiers le sacrifice de leurs ambitions politiques : par cette mesure, fait remarquer avec raison M. Esmein, on a voulu empêcher la désorganisation des cadres (1).

Cette disposition présente cependant de graves inconvénients. Outre celui de resserrer davantage le choix des électeurs, elle écarte de la Chambre, par

(1) V. Esmein, *op. cit.*, p. 611.

exemple, des hommes qui eussent pu l'éclairer avantageusement dans les discussions techniques. Il est vrai que pour les questions spéciales, la commission de l'armée apporte ses lumières ; elle fait des rapports, les ministres intéressés peuvent les lire à la tribune. Mais il ne faut point oublier que les officiers qui en font partie sont toujours des subordonnés, qu'ils n'ont pas la même liberté pour discuter que s'ils jouissaient de l'immunité parlementaire. Il serait cependant désirable que certains députés, gens de métier, vinssent dénoncer à leurs collègues les dangers nationaux tels que l'insuffisance de magasins d'approvisionnement, l'incapacité de résistance de forteresses, etc. : ils pourraient sans crainte des arrêts, des sanctions, essayer de secouer l'indifférence de leurs collègues. On nous signale (1), à la vérité, un moyen pour les officiers d'apporter à la Chambre le secours de leurs connaissances et expérience pratiques : donner leur démission pour accepter les fonctions de député. Mais c'est un moyen assez aléatoire, car l'officier doit donner irrévocablement sa démission s'il entreprend la campagne électorale. Sa démission n'est pas subordonnée à la réussite, et la perspective d'un échec d'une situation certaine, pour une autre incertaine, ne sera pas faite pour l'encourager. Seuls, les

(1) V. Esmein, *op. cit.*, p. 611.

officiers de réserve et de territoriale, ceux qui sont placés dans la seconde section du cadre de l'état-major général et ceux qui, maintenus dans la première section comme ayant commandé en chef devant l'ennemi, ont cessé d'être employés activement, seuls ils restent éligibles et constituent de rares exceptions.

b). *Limites de cette inéligibilité : différence entre les deux Chambres.* — Le principe de l'inégibilité a été poussé aujourd'hui assez loin, puisque même le militaire en rendence libre, congé, disponibilité, quand il peut voter, n'est pas éligible, indépendamment des conditions d'âge. Ainsi les hommes renvoyés par anticipation dans leurs foyers, bien que recouvrant le droit de vote, ne sont pas susceptibles d'être élus (1).

Nous avons vu qu'il n'en était pas de même sous l'empire de la loi de 1875 et que le militaire était éligible aux conseils municipaux, aux conseils d'arrondissement, aux conseils généraux. Pour les conseils municipaux, l'inégibilité résulte de la loi du 5 avril 1884; et pour les conseils généraux et d'arrondissement, de la loi du 23 juillet 1891. Jusqu'à ce moment par une singulière anomalie, tous les

(1) V. Cons. d'État, 23 janvier 1885, El. Villars-sur-Thones; 1er mai 1885, El. Nonette; 1er décembre 1888, El. Laujuzan; 2 mars 1889, El. Lanchy; 8 juin 1889, El. Saint-Germain près Herment; 2 août 1889, El. Brives.

militaires en activité étaient éligibles à ces diverses assemblées, à l'exception, toutefois, des généraux exerçant un commandement territorial.

De même la loi du 2 août 1875 avait consacré cette règle curieuse qu'un officier était inéligible au Sénat dans son département pendant l'exercice de ses fonctions ou pendant les six mois qui en suivaient la cessation, alors qu'un simple soldat, — hypothèse peu vraisemblable, — pouvait être élu. Le législateur de 1884 a donc été bien inspiré en édictant la loi du 9 décembre, art. 5. Aujourd'hui, en effet, les militaires des armées de terre et de mer ne peuvent plus être élus sénateurs, à l'exception des maréchaux, des amiraux, des officiers généraux maintenus sans limite d'âge dans la première section du cadre de l'état-major et non pourvus de commandement, de ceux placés dans la deuxième section dudit cadre et des militaires de la réserve et de la territoriale.

Le principe de l'inéligibilité des militaires est encore plus étendu à la Chambre (1). L'art. 7 de la loi du 30 novembre 1875 consacre bien des exceptions en faveur des militaires de la réserve et de la territoriale et des officiers placés dans la deuxième

(1) L'égalité entre les membres des deux Chambres existe au moins sur un point : la loi du 26 décembre 1887 a décidé que les cas d'incompatibilité entre le mandat du député et certaines fonctions publiques seraient applicables aux membres du Sénat comme à ceux de la Chambre. V. Pierre, *op. cit.*, p. 322.

section du cadre de l'état-major, mais il exige pour l'éligibilité des officiers maintenus dans la première section d'avoir commandé en chef devant l'ennemi et de n'être plus employés activement; pour ceux qui sont admis à la retraite d'être maintenus dans leurs foyers en attendant la liquidation de leur pension.

Or, aujourd'hui, les officiers ayant commandé en 1870 ou dans les expéditions coloniales et n'appartenant plus au service actif sont de plus en plus rares : ces officiers auront d'ailleurs atteint un âge où l'homme préfère le repos aux luttes politiques, de sorte que l'élément militaire ne sera guère représenté à la Chambre. Il sera plus nombreux au Sénat, dont l'accès n'est pas interdit aux amiraux, officiers du cadre de l'état-major de la première section, etc.

En somme, avec un régime comme le nôtre, il vaut mieux que les officiers soient étrangers à toute lutte politique; la discipline y gagnera.

c). *Ce qu'il devrait en être dans un pays pratiquant le système de la représentation des intérêts.* — Mais cette solution, en théorie au moins, ne devrait pas être la même dans un pays qui pratiquerait le système de la représentation des intérêts. Un pays où le commerce, l'industrie, ont droit à des représentants devrait aussi en donner à l'armée : à côté du député propriétaire foncier devrait siéger le député militaire. « Il est, en effet, utile et très désirable, dit M. Esmein, que les divers intérêts distincts, les groupes professionnels importants puissent exprimer et faire connaître au Gouvernement leurs vœux et leurs réclamations par l'organe de représentants régulièrement élus (1). » Par conséquent la conclusion qui semble s'imposer est celle que M. Jules de Lasteyrie émettait à la tribune le 31 mai 1872. « Il est impossible, disait-il, que ceux qui ont l'honneur de voir les travaux de nos collègues militaires, qui sachant que l'armée est un des plus grands intérêts de la nation, ne veulent pas apparemment que ces intérêts n'aient pas de représentants parmi nous... (2) » Et il mettait en vedette les noms de représentants célèbres, des généraux Lamoricière, Bedeau, Le Flô, Changarnier, Cavaignac.

Bien que le régime de la représentation des intérêts soit différent de celui qui a pour base la souveraineté nationale, la solution, semble-t-il, doit rester la même : les inconvénients attachés à l'éligibilité des militaires subsistant, quel que soit le régime. D'ailleurs, si nous jetons un regard sur les puissances fortement organisées, qui ont adopté au moins en partie le système des classes ou des différents groupes d'intérêts, nous ne voyons pas

(1) V. Esmein, *op. cit.*, 1re éd. p. 184.
(2) V. *J. officiel,* séance du 31 mai 1872.

qu'elles aient donné une place à l'armée (1). Si une nation acceptait la solution contraire, les représentants de l'armée se trouveraient en lutte, le cas échéant, avec ceux de l'industrie, de l'agriculture, et la défense nationale en souffrirait.

En dernier lieu, l'histoire nous montrerait, dans le cours des siècles, les conséquences fâcheuses de l'ingérence de l'armée dans les affaires publiques. A Rome, sous la décadence, l'Empire était à la merci de fréquents soulèvements prétoriens qui, contre la volonté du pays, lui imposaient un maître.

Le césarisme et l'anarchie qui règnent dans les républiques de l'Amérique du Sud sont le résultat de fréquents pronunciamentos.

De nos jours, dans la nouvelle république des Etats-Unis du Brésil, les généraux jouent un rôle

(1) Voyons ce qu'il y a de particulier dans quelques Etats. Hambourg : Constitution du 13 octobre 1879, art. 13. Le militaire est exclu du Sénat. V. aussi art. 36. — Luxembourg : Constitution du 17 octobre 1868, art. 54. Le mandat de député est incompatible avec les fonctions militaires au-dessous du grade de capitaine. — Grèce : Constitution du 16/28 novembre 1864, art. 71. Les fonctions de députés sont incompatibles avec celles des employés publics salariés et celles des maires, mais non avec la qualité d'officier en activité. Les officiers pourront être élus, mais, après leur élection, ils seront mis en disponibilité pendant toute la durée de la législation et conserveront cette position jusqu'à leur rappel ultérieur à l'activité. — Brésil : Constitution du 24 février 1891, art. 23 : Aucun membre du congrès ne pourra à dater de son élection contracter des engagements avec le pouvoir exécutif ou recevoir de lui des commissions ou emplois rémunérés; sont exceptés de cette prohibition... les commissions ou commandements militaires.

considérable; les deux tiers de la Chambre, il est vrai, appartiennent à l'armée. L'indiscipline y est devenue tellement inquiétante qu'il a fallu envoyer certains régiments à la frontière. Si les chefs se révoltent, comment pourraient ne pas le faire les soldats?

Il est donc plus sage de s'en tenir aux données de l'expérience et de la raison.

§ II. — *Inéligibilité de ceux qui n'ont pas satisfait au service militaire.*

a). Loi du 14 août 1893. Son origine. — Si la présence sous les drapeaux entraîne pour les militaires la privation momentanée des droits politiques, à l'inverse l'accomplissement du service militaire est une condition de l'éligibilité éventuelle aux fonctions législatives. Depuis la loi du 14 août 1893, en effet, « nul ne peut être investi de fonctions publiques électives, s'il ne justifie avoir satisfait aux obligations imposées par la loi du 15 juillet 1889 sur le recrutement ». La portée de cette disposition a été définie par M. Esmein en des termes remarquablement concis et suggestifs que voici : « L'inéligibilité repose ici sur une idée d'indignité et nous voyons associés comme en d'autres temps ou d'autres milieux, l'accomplissement du devoir militaire et la capacité politique (1). »

(1) V. Esmein, *op. cit.*, p. 611.

Elle étend aux fonctions électives une disposition qui existait antérieurement pour toutes les administrations. Mais si l'objet de la loi semble bien précis, son origine, au contraire, a été discutée.

Le vicomte de Montfort, lui a dénié à la séance de la Chambre, du 9 décembre 1893 (1), le caractère de loi de circonstance faite spécialement pour le cas de M. Pablo Lafargue. S'il a entendu par là caractériser la loi comme une loi impersonnelle, faite pour l'avenir, continuant une tradition déjà longue, il a exposé une opinion juste, mais oublié aussi que les lois sont généralement provoquées par les circonstances. Et c'est ce qui est arrivé pour la loi de 1893. Aux élections d'août 1891, M. Lafargue avait été élu député dans le département du Nord. Lors de la vérification de ses pouvoirs le 7 décembre 1891, un membre de la Chambre, M. Delpech, après lui avoir contesté la qualité de Français, déclara que le nouvel élu n'avait pas satisfait aux obligations du recrutement. L'élection ne pouvait être invalidée de ce chef, nul texte ne subordonnant l'éligiblité à l'accomplissement du service militaire; beaucoup de députés en fonctions, comme le fit remarquer M. Ferroul, se trouvaient dans le même cas. Aussi, sur les conclusions du rapporteur, M. Goirand, l'élection fut-elle validée. Mais alors se produisit le

(1) V. *J. officiel*, séance du 9 décembre 1893, p. 211.

dépôt successif par M. Prévost de Launay et par M. Després de deux propositions (1). La première contenait l'obligation pour l'élu, de prouver l'accomplissement du service militaire en temps de paix et en temps de guerre suivant les prescriptions de la loi, ou le fait d'une dispense légale. La deuxième était plus compréhensive; elle déclarait impossible l'inscription sur les listes électorales de tout individu n'ayant pas satisfait à la loi militaire et mettait à la charge des étrangers nés ou élevés en France n'ayant demandé leur naturalisation qu'après l'âge de vingt-cinq ans, de fournir, au moment de la déclaration de candidature, la preuve qu'ils appartenaient ou qu'ils avaient appartenu à la réserve de l'armée active.

Les propositions furent renvoyées à une commission. Le rapporteur, M. Bertrand, émit un vœu contraire à l'adoption de leur texte. Cependant, après discussion de la question de savoir s'il convient d'investir de fonctions électives un Français qui n'a pas satisfait à la loi militaire, il conclut en demandant que l'art. 7 de la loi du 15 juillet 1889 ainsi conçu : « Nul ne peut être admis dans une administration de l'État s'il ne justifie avoir satisfait aux obligations imposées par la présente loi », fut allongé par l'incorporation des mots : « ou ne peut

(1) V. *J. officiel* du 30 novembre 1891, p. 2352 et du 1er décembre, p. 2372.

être investi de fonctions publiques électives », c'est-à-dire dans le sens adopté définitivement en 1893. Il est à remarquer que précisément cette addition avait été proposée par M. Lorois, à la séance du 20 juin 1887 (1), pendant que l'on discutait la loi sur le recrutement de 1889. L'art. 7 de la commission de la Chambre portait la non-admission à un emploi dans une administration, des individus ne justifiant pas qu'ils avaient satisfait aux obligations imposées à leur classe par la présente loi. M. Lorois proposait alors la suppression de ces mots : « à sa classe », et l'extension du texte aux individus qui chercheraient à être investis de fonctions publiques électives. Le rapporteur, M. Laisant, opposa à l'amendement une fin de non-recevoir tirée du but de la commission, lequel avait été de faire, non une loi électorale, mais une loi de recrutement et il déclara en tout cas suffisant, le fait de poser les principes, pour qu'il fût possible d'en régler l'application, soit par des lois spéciales, soit par des règlements d'administration publique.

Et ainsi le projet de M. Lorois ne devait aboutir qu'en 1893. Cependant l'idée d'associer la capacité civique et la capacité militaire n'était pas nouvelle. Sans remonter jusqu'au droit romain, on la trouve inscrite dans la Constitution du 5 fructidor an III : à cette époque étaient citoyens, sans aucune condi-

(1) V. cette séance tout entière au *J. officiel*, p. 1301 et suiv.

tion de contribution, les Français ayant fait une ou plusieurs campagnes pour l'établissement de la république. Mais, c'est seulement à la fin du siècle présent, que se dégage nettement cette idée, que celui qui se dérobe à l'accomplissement du principal de ses devoirs civiques, ne mérite pas de prendre part à la direction des affaires publiques, soit par son vote, soit comme mandataire de ses concitoyens.

b) *Comparaison avec le projet Taaffe.* — Cette idée, qui a inspiré le législateur de 1893, est celle qui, à la même date, en Autriche, inspirait le comte Taaffe. Dans un projet hardi de réforme électorale, tendant à l'extension du droit de suffrage considéré comme « un postulat de la raison d'État (1) », le ministre accordait des droits politiques actifs, dans les villes et les campagnes, aux soldats ayant fait campagne ou décorés de la médaille militaire, ou aux sous-officiers ayant accompli le terme de leur service (2). La chute du projet entraîna celle du ministre, qui fut remplacé par M. de Windischgratz. Dans un autre projet, moins conforme aux intérêts du peuple, le nouveau ministre faisait cependant une concession, en accordant le droit de suffrage à ceux qui auraient occupé des grades militaires (3).

(1) V. *Revue des Deux Mondes*, 1893, t. CXX, p. 474.
(2) V. *J. officiel* du 12 octobre 1893. Agence Havas.
(3) V. *Revue de droit public*, t. I, p. 130. V. aussi Esmein, *op. cit.*, 1re éd., p. 226.

c). *Sa portée.* — L'idée du législateur français n'a pas été bien différente. Le but en a été précédemment indiqué. Il suffit ici de définir son application; par ses termes mêmes, elle a entendu priver de l'éligibilité les insoumis, les déserteurs, les omis (1); la disposition n'est et ne sera d'ailleurs utile que dans les cas où l'insoumission n'aurait pas entraîné contre le candidat, une condamnation emportant la perte des droits électoraux, c'est-à-dire dans des hypothèses comme celles prévues par l'art. 73 de la loi du 15 juillet 1889.

Est insoumis celui qui, régulièrement inscrit sur les tableaux de recensement et appelé par la conscription, n'a pas répondu à cet appel, se mettant ainsi sous le coup de poursuites susceptibles d'entraîner contre lui une condamnation de un mois à un an de prison en temps de paix, de deux ans à cinq ans en temps de guerre (2). Antérieurement à la loi de 1883, l'insoumis qui rentrait en France pouvait être déféré au conseil de guerre, subir sa peine, mais rester éligible comme ayant satisfait aux obligations militaires (3).

(1) Elle n'est donc pas applicable aux exclus, c'est-à-dire aux hommes visés par l'art. 4 de la loi du 15 juillet 1889 ayant encouru une peine afflictive et infamante, dans le cas prévu par l'art. 177 du C. pén., en un mot à ceux qui ont été privés des droits civiques.

(2) V. Rabany, *op. cit.*, t. II, p. 205 et la thèse de Verney 1890 *De l'insoumission et de la désertion*.

(3) V. sur ce point le discours de M. Lorois à la séance du 20 juin 1887.

Il ne faut pas confondre l'insoumission et la désertion. Jusqu'à la loi de 1832, cette confusion a été faite; il n'existait pas de distinction légale entre le déserteur et l'insoumis. Tous deux étaient frappés des mêmes peines, prévues par l'arrêté du 19 vendémiaire an XII, les décrets du 8 fructidor an XIII et du 7 février 1807. La loi de 1832 a puni, au contraire, l'insoumission de peines plus faibles que la désertion. Le Code de justice militaire du 7 juin 1857 maintint ces distinctions, qui ont passé dans la loi du 27 juillet 1872, et enfin dans la loi du 15 juillet 1889. La désertion s'applique à l'homme déjà incorporé, qui s'absente de son corps ou détachement, sans autorisation et pendant une période excédant un délai préfix, ou qu'il ne rejoint pas son corps à l'expiration des congés et des permissions accordés.

On pourrait croire que la loi de 1893 n'est pas applicable aux hommes de la réserve ou de la territoriale, mais sous les drapeaux, la règle est qu'ils sont soumis à toutes les obligations imposées aux militaires de l'armée active par les lois et règlements en vigueur. Y eût-il un doute sur ce point qu'il serait facile, d'ailleurs, de le dissiper. M. Laisant, le rapporteur de la loi du 15 juillet 1889, pendant la discussion de l'art. 7, s'est, sur ce chef, expliqué à la tribune. « J'ajoute, a-t-il dit, qu'il (l'art. 7) s'appliquera à une catégorie particulière d'insoumis, aux insoumis temporaires, aux hommes qui, ayant fait leur service actif et étant appelés pour une période d'instruction, refuseraient de s'y rendre et se mettraient en état d'insoumission. Le service militaire doit, en effet, être aussi rigoureux pour ceux qui ont à faire leurs vingt-huit jours ou leurs treize jours, que pour ceux qui font leur service actif. L'armée française se compose, non seulement des hommes en activité de service, mais de ceux de la réserve et de l'armée territoriale : il est indispensable que les rigueurs de la législation s'appliquent aux hommes placés dans ces deux dernières catégories, tout aussi bien qu'aux hommes de l'armée active (1). »

Enfin l'omis, c'est-à-dire celui qui n'a pas été porté sur la liste d'appel, ne sera pas davantage éligible. L'omission n'étant soumise à aucune pénalité, n'entraînait pas la perte des droits électoraux; partant celle de l'éligibilité. Pourtant, le législateur de 1872 avait décrété que l'omis encourrait une certaine incapacité : l'accès aux fonctions de l'administration de l'État lui étant interdite jusqu'à trente ans.

La question n'avait pas été tranchée par la loi de 1889; aussi le fait, pour l'omis, d'attendre vingt-cinq ou trente ans était-il suffisant à le faire réputer

(1) V. *J. officiel*, séance du 20 juin 1887, p. 1302.

comme ayant satisfait aux obligations de sa classe, et la prescription du délit étant acquise après trois ans, suffisait-il qu'il eût atteint l'âge de quarante-huit ans pour éviter et les condamnations pénales, et les inéligibilités politiques?

Suivant une opinion basée sur les dires du rapporteur, M. Laisant, l'incapacité devait être perpétuelle, mais en l'absence de texte, le doute était permis.

d). Double interprétation :

1° La loi du 14 août 1893 s'appliquerait à tous ceux qui n'auraient pas effectué le service militaire.

2° Elle s'appliquerait aux déserteurs, insoumis seulement. Cas de M. Mirman.

Mais il ne suffit pas de connaître l'inéligibilité des déserteurs, des insoumis, des omis; faut-il encore rechercher le sens précis du texte : Nul n'est éligible « s'il ne justifie avoir satisfait aux obligations imposées par la loi du 15 juillet 1889 sur le recrutement ».

De prime abord, deux interprétations paraissent possibles. D'après la première, la loi de 1893 frapperait, en fait, tous ceux qui n'auraient pas effectué le service militaire. La justification en serait exigée de tous les aspirants aux fonctions législatives. D'où l'inéligibilité des insoumis, déserteurs, omis, exemptés, ajournés, dispensés de l'art. 21, 22, 23, 50.

Le texte semble, d'une part, ne pas permettre de

s'égarer dans la discussion : « quiconque n'a pas satisfait aux obligations imposées par la loi du 15 juillet 1889. » Or, l'obligation, c'est le service personnel. D'autre part, l'esprit de la loi oblige à reconnaître que la loi de 1893 a son fondement dans l'art. 7 de la loi de 1889; en d'autres termes, les auteurs ont eu l'idée d'établir une compensation entre la charge de trois années de service et la faveur d'entrer dans les administrations de l'État.

Tel serait un système un peu spécieux, mais inadmissible, car il vaut mieux adopter la deuxième interprétation moins compréhensive d'après laquelle la loi de 1893 frapperait seulement les déserteurs, les insoumis et les omis. Les satisfactions aux obligations militaires sont *in personam*, variant avec les individus, et le sens de la la loi est que chacun doit justifier avoir accompli ce que la loi lui prescrivait personnellement. Celui qui a fait trois années de service actif est en règle avec la loi; celui qui a passé un an seulement sous les drapeaux, après avoir contracté un engagement décennal dans l'instruction et à condition de payer la taxe militaire, l'est aussi.

La preuve en est dans le but de cette taxe elle-même dont le montant est calculé sur le temps de service qui n'a pas été accompli (1).

(1) V. Hauriou, *Précis de droit administratif*, p. 479, 2e éd.

C'est donc bien une compensation véritable, une « équivalence » bien plus équitable et plus fréquente que celle qui interdit l'accès des administrations de l'État à ceux qui n'ont pas satisfait aux obligations militaires.

Mais les travaux préparatoires et les faits montrent d'une façon presque inéluctable, que la loi de 1893 ne s'applique qu'aux réfractaires. A la séance du 20 juin 1887, aux explications demandées par M. Lorois, M. Laisant répondit que ceux qui, par suite de circonstances énumérées dans la loi, n'auraient pas fait un service effectif de trois ans ou n'en auraient fourni aucun, n'en seraient pas moins considérés comme étant en règle avec la loi.

M. Margaine, lui aussi, avait posé catégoriquement la question en demandant si les réformés avaient satisfait aux obligations de leur classe, après s'être vus déclarés impropres au service militaire devant le conseil de révision, et le rapporteur lui avait répondu par l'affirmative.

Les travaux préparatoires sont donc bien formels, et la loi du 14 août 1893 a modifié l'art. 7 par l'insertion d'une peine nouvelle. *A priori*, il serait possible de dire : Il n'est pas besoin, pour décider la question dont il s'agit, d'étudier les travaux préparatoires de la loi de 1893, attendu que l'inéligibilité est admise dans la même mesure que le non-accès dans les administrations publiques, établi par la loi de 1889. Jusqu'ici, en effet, nous avons raisonné comme si à la teneur de l'art. 7 de la loi du 15 juillet 1889 : « Nul n'est admis dans une administration de l'État s'il ne justifie avoir satisfait aux obligations imposées par la présente loi », eussent été ajoutés ces mots : « Nul n'est admis aux fonctions publiques électives », c'est-à-dire en délaissant les travaux préparatoires eux-mêmes de la loi du 14 août 1893. Or, M. Bertrand, rapporteur de cette dernière, déclara à la Chambre, qu'il ne serait pas prudent de laisser subsister de doute sur le champ d'application de la loi, mais qu'il convenait, au contraire, de satisfaire à des inquiétudes qui pourraient naître d'une interprétation rigoureuse. Pour la commission, le texte devait viser uniquement ceux qui ont évité de servir.

En dernier lieu, comment, si l'on admet que les dispensés tombent sous le coup de la loi de 1893, comment expliquer la loi du 20 juillet 1895? Cette disposition qui interdit l'accès des fonctions législatives à quiconque n'a pas satisfait aux exigences de la loi militaire d'une façon définitive, ferait un double emploi inexplicable avec la loi de 1893. Mais, tel n'est pas le cas, et les travaux préparatoires de la loi de 1895 fournissent un dernier argument. M. Joseph Fabre, rapporteur de cette loi au Sénat, a caractérisé la loi du 14 août 1893, comme établissant « une véritable pénalité » et n'atteignant « que les réfractaires ». Elle vise les cas d'indignité résultant d'une violation de la loi.

D'après lui, le militaire qui n'a enfreint aucune des obligations lui incombant, pouvait, avec le texte de 1893, être élu député, quoique sous le coup de deux années de service actif. « Les conditions, disait-il, qui rendent ce service exigible, se réalisent-elles au lendemain de votre élection, vous voilà simultanément réclamé par le devoir parlementaire et par le devoir militaire. Pour faire marcher l'accomplissement de ces deux devoirs, il faut que vous soyez à la fois député et soldat. Force est donc d'opter. Ou bien, virtuellement soldat, vous ne pouvez pas devenir député, ou bien actuellement député vous ne pouvez plus être soldat (1). » Il est clair que M. Joseph Fabre visait le cas de M. Mirman, élu député de Reims. Par la validation de cette élection le 9 décembre 1893 (2), la Chambre a montré que la loi devait être restreinte dans son application, que la deuxième interprétation était la véritable.

On a dit, il est vrai, que son cas était particulier, exceptionnel. Non pas, et nous croyons, avec M. de Montfort, « que tous les hommes de l'art. 23 étaient dans le même cas ». C'eût été mal interpréter l'esprit de la loi que de le mettre sur la même ligne

(1) V. le rapport cité par Dalloz, *Jurisprudence générale*, année 1896. 4, p. 24.

(2) V. *J. officiel*, 9 décembre 1893, p. 210, 211 et suiv.

que les déserteurs, etc. Celui qui n'a point rempli le premier de ses devoirs de citoyen ne doit point pouvoir arriver aux premières fonctions. Mais le dispensé conditionnel de l'art. 23, qu'était M. Mirman n'avait commis aucune faute, par suite était éligible.

M. de Montfort soutint cependant le contraire et prétendit que M. Mirman n'avait point satisfait aux obligations militaires. Il assimilait tour à tour son cas, à celui du député qui meurt sans avoir pris possession de son siège, à celui du soldat en congé de plus de trente jours, électeur mais non éligible. La théorie de M. de Montfort fut combattue par M. Hubbard, rapporteur, pour qui le cas de M. Mirman donnait lieu à deux questions, l'une d'éligibilité, l'autre d'incompatibilité. En cela, il se trouvait d'accord avec cette règle établie par M. Pierre, le secrétaire de la présidence de la Chambre, dont le traité fait loi sur bien des points, en matière politique et parlementaire. « S'il arrive, y est-il dit, qu'une question de validation et une question d'incompatibilité se présentent à propos des opérations d'un même collège, il y a lieu de les résoudre séparément, parce que ce sont des questions d'ordre absolument distinct (1). »

La première question qui se posait était celle d'éligibilité. Lorsqu'il fut nommé, M. Mirman était

(1) V. Pierre, *Traité de droit politique et parlementaire*, p. 352.

professeur en congé, il n'était pas pour cela à la disposition de l'autorité militaire. Le jour des élections, il était électeur fonctionnaire. Sa situation, depuis son élection, n'avait pas changé; aussi le ministre de la guerre devait-il attendre pour examiner son cas. Validé, M. Mirman aurait le choix, ou de rentrer dans l'enseignement, ou de venir siéger; c'est alors seulement que s'élèverait la question d'incompatibilité.

« Rien n'indique, concluait M. Hubbard, que la loi de 1893 a été faite contre les citoyens qui ne se sont pas dérobés à leurs devoirs militaires. Parcourez le rapport de M. Bertrand, prenez celui de M. Isaac, tous deux vous diront ceci : Il faut organiser une sorte de déchéance électorale, édicter des pénalités contre qui? Contre ceux qui se sont dérobés à ces devoirs, contre les déserteurs, les insoumis, en un mot, contre tous ceux qui sont en faute vis-à-vis de la loi militaire (1). »

Or, M. Mirman n'était pas dans ce cas, il n'avait ni manqué, ni désobéi à la loi; après sa validation il pourrait être rappelé sous les drapeaux mais il n'était point contestable qu'il eût satisfait aux obligations de sa classe; aussi 326 voix contre 133 se prononcèrent pour sa validation. Les conflits auxquels donnèrent lieu cette double situation de dé-

(1) Séance du 9 décembre 1893.

puté et de soldat sont encore trop récents pour qu'il soit utile d'insister : en tout cas ils sont bien faits pour mettre en garde ceux qui réclament l'exercice de droits politiques pour les militaires. Ils eurent un effet utile puisque la loi de 1895 est venue régler cette situation.

e). *Durée de l'inéligibilité.* — Il en résulte que les dispensés de l'art. 23 ne sont éligibles qu'à vingt-sept ou trente ans, limite extrême de l'engagement décennal pour les professeurs. Mais leur situation est encore de beaucoup préférable à celle des insoumis, déserteurs et omis, pour qui l'inéligibilité au moins depuis la loi de 1893 est perpétuelle.

Nous avons dit qu'il y avait controverse sur la durée de l'interdiction aux fonctions administratives de l'État, l'art. 73 de la loi du 15 juillet 1889 n'indiquant pas la durée de l'exclusion, mais que d'après l'opinion de quelques auteurs et du rapporteur de la loi elle devait être perpétuelle, à raison des termes généraux et de la gravité du délit (1).

Il faut savoir gré au législateur de 1893 d'avoir mis fin à cette incertitude et d'avoir fait rentrer les

(1) « L'interdiction que propose le projet est-elle bonne en principe? » Tout le monde en tombe d'accord. L'ancien texte restreignait cette interdiction par l'introduction de cette phrase incidente « avant l'âge de trente ans », le projet ministériel de 1885 portait avant l'âge de quarante ans. Nous croyons que le principe étant bon, il y a lieu de l'étendre à la vie tout entière ». *J. officiel* du 20 juin 1887. V. aussi Rabany, *op. cit.*, p. 205, t. II.

fonctions électives dans les fonctions administratives. En refuser l'accès aux réfractaires, c'était calmer l'opinion et faire une œuvre de justice que résumait ainsi M. Isaac, dans son rapport au Sénat : « Si le Français qui ne s'est pas soumis à l'obligation militaire n'est pas reconnu apte à exercer une fonction administrative, comment pourrait-il être appelé à représenter dans les assemblées électives une patrie qu'il n'a pas voulu servir? Dans l'un et l'autre cas, la raison de l'incapacité est la même (1). »

L'art. 15 (*in fine*) de la loi de 1889 aura donc beau déclarer que les réfractaires seront libérés à titre définitif à l'âge de quarante-huit ans au plus tard, ils ne seront pas éligibles.

(1) V. *J. officiel*, 1892, annexe 279, p. 600

CHAPITRE IV

Privilèges des membres des deux Chambres au point de vue du service militaire.

a). Commentaire de la loi du 20 juillet 1895. Sa portée. Moyens d'assurer le libre accomplissement du mandat législatif. — Si le législateur avait prévu le cas du soldat briguant les fonctions législatives, il avait oublié celui du député ou du sénateur qui rentre de nouveau dans l'armée active. Cette lacune a été comblée par la loi du 20 juillet 1895 sur « les obligations militaires des membres du Parlement ». Ainsi que le fait supposer le titre, cette loi s'adresse à tous les membres du Parlement sans distinction. On en trouverait d'ailleurs la confirmation dans les trois premiers articles. Et cependant, malgré cette apparente généralité, la loi ne régit et ne peut régir que les députés.

Bien que l'art. 1er dise que « nul ne peut être membre du Parlement, qu'après avoir satisfait définitivement aux prescriptions militaires concernant le service actif », il ne peut viser les jeunes gens accomplissant leurs trois années de service dans l'armée active, car alors il ferait double emploi avec l'art. 7 de la loi du 30 novembre 1875 qui nous dit de façon très explicite que les militaires sont inéligibles, avec l'art. 9 de la loi du 15 juillet 1889 qui n'en est que la reproduction.

Bien plus, si ces textes étaient inexistants, les jeunes gens incorporés dans l'armée active pour trois ans seraient bien électeurs en tant que citoyens, mais non éligibles pour la plupart, la condition d'âge leur manquant. En effet, pour être député, il faut avoir vingt-cinq ans, or ceux qui font partie de l'armée active n'ont pas cet âge. Cependant les deux textes précités auraient leur utilité, à l'égard de ceux qui ayant souscrit un rengagement pour plusieurs années, n'auraient pas cessé d'appartenir à l'armée active.

Mais alors quel est le sens de l'art. 1er? Cet article prévoit certains cas exceptionnels, ceux de jeunes gens qui n'ayant pas accompli entièrement leurs trois années de service actif, ont été renvoyés conditionnellement dans leurs foyers. La loi dit service actif, c'est-à-dire service dans l'armée active. Elle n'a pu viser les périodes d'exercices accomplies comme membres de l'armée de réserve ou de l'armée territoriale. Si la loi devait régir les militaires de la réserve, il faudrait en conclure que l'on n'est pas susceptible d'être élu député avant trente-cinq ou trente-six ans. D'ailleurs les faits démentiraient la théorie, puisque l'on constatait après les dernières élections, au moment de la formation des bureaux, qu'une quinzaine de députés n'avaient pas même trente ans.

Ces cas exceptionnels visés par l'art. 1er constituent les art. 23 et 24 de la loi du 15 juillet 1889. Par application de ces articles, sont, après un an de présence sous les drapeaux, envoyés en congé dans leurs foyers sur leur demande :

1° Les jeunes gens qui contractent l'engagement de servir pendant dix ans dans les fonctions de l'instruction publique, les instituteurs.

2° Les jeunes gens qui ont obtenu ou qui poursuivent leurs études en vue d'obtenir, soit le diplôme de licencié ès lettres, ès sciences, de docteur en droit, en médecine, de pharmacien de 1re classe, vétérinaire, etc., soit le diplôme délivré par l'Institut agronomique et les écoles d'agriculture, etc., soit, enfin, l'un des prix de Rome.

3° Les professions manuelles ont aussi leur part dans les exceptions. Les jeunes gens exerçant les industries d'art, désignés par un jury départemental formé d'ouvriers et de patrons, peuvent également être dispensés de deux années de service.

4° Enfin, les élèves ecclésiastiques qui veulent continuer leurs études en vue d'exercer le ministère dans l'un des cultes reconnus par l'État, profitent de la même dispense.

On comprend que pour ces jeunes gens, trois années passées au régiment constitueraient un retard préjudiciable à leurs études. Au contraire, une année de service au sortir des études de collège repose l'esprit. D'autre part, dans la plupart des cas, un an suffit pour faire un bon fantassin. Enfin, comme ces exceptions sont nombreuses, il en résulte une économie dans le budget de l'armée. Autant de considérations qui ont pesé sur l'esprit du législateur de 1889 (1).

(1) Il est intéressant de signaler une proposition de loi présentée par M. Astier, relative à la modification des art. 22 et 24 de la loi du 15 juillet 1889 et à l'abrogation de l'art. 23. Elle est du 21 juin 1899.

M. Astier, sous la rubrique « Conséquences de la législation actuelle », après avoir critiqué le principe de l'art. 23, fait les constatations suivantes que nous résumons : 1° Au lieu de s'élever, le niveau des études baisse.

2° Depuis 1890, le nombre des étudiants s'est augmenté de moitié dans les facultés de province, d'un tiers dans celle de Paris.

3° Cette augmentation a comme conséquence donné des médecins à l'excès (1750 en 1898 de plus qu'en 1897), de même des avocats. De là l'encombrement de ces professions et l'accroissement dans les rangs des déclassés.

4° Très peu d'étudiants font les deux années complémentaires de service actif.

Il conclut que l'art. 23 n'a créé qu'un privilège excessif sous un régime démocratique, qu'il viole le principe d'égalité au profit de ceux qui sont déjà privilégiés, soit au point de vue de la fortune, soit au point de vue de l'éducation ou de l'instruction. « C'est l'armée que nous fortifierons, dit-il en la pénétrant des éléments les plus intelligents. » Enfin il en résultera une fusion plus complète des classes. *J. officiel*, annexe 1043, session ord. séance du 21 juin 1899.

Mais avons-nous dit, la dispense n'est que conditionnelle, en ce sens que si l'emploi ou le diplôme visé n'est pas obtenu avant un certain délai, elle disparaît; et si, par exemple, un étudiant en droit n'a pas obtenu le diplôme de docteur à vingt-sept ans (1); si un instituteur, après avoir pris l'engagement de rester dix ans dans l'enseignement, ne tient pas ses promesses, ils doivent alors accomplir les deux années de service dont ils avaient été momentanément dispensés. La première cause de dispense n'existant plus, s'ils ne peuvent en invoquer une autre, ils tombent sous le coup de la loi : il n'y a plus équivalence de service actif. Il ne serait pas admissible, comme le faisait remarquer M. Joseph Fabre dans son premier rapport (2), que certains citoyens, sous un régime égalitaire, pussent s'affranchir de la commune dette du service actif en devenant députés, et qu'ainsi se faire élire législateur fût un moyen de se soustraire à la loi. Or, à ce compte, s'il était élu député, l'étudiant pourrait ne pas conquérir le diplôme de licencié ou de docteur à vingt-six ou vingt-sept ans, et ne pas faire les deux années de service auxquelles l'oblige la loi. Grâce à l'art. 1er, ces inégalités ne peuvent avoir lieu. Par suite, l'extrême limite à laquelle un jeune

(1) V. Loi du 13 juillet 1895.
(2) V. *J. officiel* du 27 avril 1895, annexe n° 23, p. 17.

homme peut rentrer pour deux ans dans l'armée active est vingt-sept ou trente ans révolus. Or, à cet âge, on est bien éligible à la Chambre, mais non au Sénat. L'art. 1er, par conséquent, ne s'applique pas aux sénateurs, il en est de même de l'art. 2 dont voici la teneur : « En temps de paix, les membres du Parlement ne peuvent faire aucun service militaire pendant les sessions, si ce n'est sur la demande du ministre de la guerre, de leur propre consentement, et après décision favorable de l'Assemblée, à laquelle ils appartiennent. »

Le législateur n'a pas voulu que le député put être distrait de ses fonctions législatives, par une période de vingt-huit ou de treize jours. D'ailleurs, sa présence à la Chambre sera peut-être plus utile qu'à l'armée. Puis, il est bien évident, que, pendant ce temps, il ne représenterait pas ses électeurs, que sa présence serait même indispensable au Palais-Bourbon, au cas de discussion d'un projet de loi d'intérêt local, au cas où une catastrophe, par exemple, exigerait une demande de secours immédiats. Son rôle de législateur est des plus importants. Bien que représentant la France, il est avant tout l'élu d'une petite circonscription, et ce serait violer la volonté de ceux qui habitent cette portion du territoire que de les priver, pendant un mois, de leur député. Il est vrai qu'ils seraient encore représentés par leur sénateur, puisque l'art. 2 ne l'atteint pas et ne peut pas l'atteindre. En effet, on n'est éligible, au Sénat, qu'à quarante ans : à cet âge, les périodes d'exercices sont terminées.

Toutefois, la loi n'a pas voulu non plus violer la liberté de l'individu en le forçant à rester membre du Parlement, mais là encore, elle a multiplié les garanties : demande de l'intéressé au ministre de la guerre, contrôle de la Chambre elle-même. En définitive, le choix reste à la Chambre, et si elle estime que la discussion y perdrait par l'absence d'hommes de valeur, ou dont la compétence sur certaines matières est hors de doute, elle n'accédera point à la demande du soldat. Ces garanties n'ont rien d'exagéré : elles ont été prises après lecture du rapport de M. Mézières : « Il n'appartient pas au ministre de la guerre seul, concluait-il, d'enlever à leurs devoirs parlementaires les membres du Parlement, qui font partie de l'armée. Assurément le ministre de la guerre est le meilleur juge des inopportunités et des nécessités militaires, mais aucun membre du Parlement ne peut être privé, malgré lui, du droit qu'il tient du suffrage des électeurs. Si l'exercice de son mandat est momentanément suspendu, ce ne peut être qu'en vertu d'un ordre. Son consentement est avant tout nécessaire. Celui de l'Assemblée à laquelle il appartient ne l'est pas moins, car les Chambres sont les arbitres souveraines des obligations de leurs membres. »

Mais une fois soldat, le député n'aura plus ses entrées à la Chambre. Il eût été, en effet, difficile d'accepter qu'un membre du Parlement appelé pour quelques jours sous les drapeaux et soumis, par conséquent, aux exigences de la discipline militaire, pût prendre, pendant ce temps, part aux délibérations et aux votes de l'Assemblée à laquelle il appartient. Il y a une incompatibilité évidente entre la soumission du soldat à ses chefs et la liberté, qui est l'essence même de la vie parlementaire.

Un soldat au régiment ne peut rien publier sans l'autorisation du ministre de la guerre. On ne pouvait admettre qu'il pût à la tribune interpeller ou blâmer ce même ministre, se permettre de juger et de condamner publiquement les actes de ses chefs. Mais, par ailleurs, que son vote n'eût plus été entièrement libre les obligations de la discipline militaire le suivant hors de la caserne, comme à la caserne, et c'en était fait de l'indépendance dont le législateur a besoin pour remplir librement son mandat.

C'est le résumé de ces idées, dont l'application était déjà faite par la loi du 30 juin 1889, en Autriche-Hongrie, qui a fait adopter notre art. 3, alinéa 1er, ainsi conçu : « Les membres du Parlement faisant un service militaire ne peuvent participer aux délibérations ni aux votes de l'Assemblée à laquelle ils appartiennent. »

Une seule circonstance a pu motiver une exception à la règle : c'est le cas où l'Assemblée nationale serait réunie en congrès; comme le disait M. Mézières dans le rapport déjà cité, la durée de cette Assemblée est si courte et son objet si important que tous les membres du Parlement doivent y prendre part. Qu'il s'agisse de la nomination du chef de l'Etat ou de la révision de la constitution, la présence de tous semble indispensable, afin de ne laisser aucun doute sur la validité de résolutions qui sont irrévocables. L'art. 3 (al. 2) ne fait que consacrer ces idées en ces termes : « En cas de convocation de l'Assemblée nationale, leur service (des membres du Parlement) est suspendu de plein droit pendant la durée de la session de cette Assemblée. »

Le dernier article (4) n'offre pas une grande utilité. En effet, d'après lui, les personnes auxquelles les art. 2 et 3 ne s'appliquent pas sont précisément des officiers qui, d'après la loi de 1875, peuvent par exception être élus députés. Or des officiers généraux, maintenus sans limite d'âge, ne font plus de périodes d'exercices : par conséquent, peuvent discuter et délibérer à la Chambre. Pour en décider autrement, il faudrait admettre qu'ils n'ont que le titre de députés sans pouvoir en exercer jamais les droits, puisqu'ils sont militaires, ce qui est inadmissible. Voici les termes de cet article : « Art. 4. Les dispositions des art. 2 et 3 ci-dessus, ne s'appliquent pas aux officiers généraux maintenus sans limite d'âge dans la 1re section du cadre de l'état-major général. »

b). *La loi ne s'applique qu'en temps de paix.* — Tel est l'objet de la loi de 1895 dont l'application se limite au temps de paix, ainsi que le dit formellement l'art. 2. La proposition de M. Maxime Lecomte, qui avait été déposée d'abord au Sénat, ne contenait pas les mots en temps de paix (1). Ils ont été ajoutés à la Chambre. Dans les conclusions de son rapport, M. Mézières disait avec raison, que la question de l'organisation des pouvoirs publics et des services qu'auraient à remplir les membres du Parlement, en temps de guerre, était d'une tout autre nature et d'une portée beaucoup plus haute. La modification de la Chambre changeait complètement l'économie de la loi, puisqu'au début, elle devait s'appliquer aussi bien en temps de paix qu'en temps de guerre. L'amendement qu'elle y apporta faillit faire échouer la loi au Sénat. Elle ne passa que sur la promesse du gouvernement de déposer un projet de loi sur

(1) V. *J. officiel* du 9 janvier 1895, ann. n° 12, p. 304.

l'organisation des pouvoirs publics en temps de guerre (1).

c). *Projets pour le cas de guerre.* — Actuellement, on attend encore cette loi. Il est incompréhensible que les membres du Parlement n'aient pas encore réglé leur situation en cas de guerre. Si donc aujourd'hui elle survenait, rien ne les dispenserait de rejoindre leur corps. Ce n'était pas l'avis du général Deffis, rapporteur de la loi de recrutement devant le Sénat. Dans le rapport qu'il disposait le 21 mars 1888 (2), il était d'avis qu'en cas de guerre, les membres du Parlement devraient rester à leur poste, à moins que la Chambre ne leur eût permis, par des congés, de rejoindre leur corps. D'ailleurs, au préalable, ils devraient voter la déclaration de guerre, puis des crédits extraordinaires, prendre les mesures législatives nécessitées par les premiers événements, nommer des commissions, ainsi qu'il appert des différents projets.

M. de Martimprey avait, en 1887, demandé au général Boulanger son opinion. Le général lui donna cette réponse : « Quant aux militaires officiers ou soldats, réservistes ou territoriaux députés, ils pourraient, après la mobilisation, être

(1) *J. officiel* du 13 juillet 1895, p. 832.
(2) *J. officiel* du 22 mars 1888, p. 347.

considérés comme démissionnaires *ipso facto*, puisque, aux termes de l'art. 7 de la loi du 30 novembre 1875, aucun militaire ou marin faisant partie des armées actives, ce qui sera le cas, — l'armée active comprenant alors toutes les forces militaires nationales, — ne peut, quels que soient son grade ou sa fonction, être élu membre de la Chambre des députés. La loi constitutionnelle du 16 juillet 1875 ne contient, au profit des membres des deux Chambres, aucune immunité au sujet du service militaire; de plus, en vertu du principe qui prononce la séparation absolue du pouvoir exécutif d'avec le pouvoir législatif, la présence dans les rangs d'officiers ou de sous-officiers et soldats investis du mandat législatif, ne pourrait que créer des difficultés sérieuses à tous les points de vue, non seulement pour les chefs des membres du Parlement appelés sous les drapeaux, mais encore pour ces derniers, dont la situation serait très fausse (1). »

On jugera combien les raisons données par le général étaient peu sérieuses, si l'on se rappelle, en ce qui touche les sénateurs, qu'ils étaient alors sous le régime de la loi de 1872, c'est-à-dire soldats jusqu'à quarante ans. Or, à l'âge où ils cessaient pré-

(1) V. la réponse da général Boulanger citée par M. de Martinprey dans le *J. officiel*. Séance du 7 juin 1890, annexe 632, p. 955.

cisément d'appartenir à l'armée, ils devenaient éligibles au Sénat! De plus, elles n'avaient rien de juridique et c'est ce que démontra une note du secrétaire de la présidence de la Chambre, indiquant que la démission de plein droit était prévue seulement dans deux cas : « 1° Dans le cas de condamnation infamante, elle s'appelle alors déchéance, et nul ne peut songer à classer dans cette catégorie les députés qui appartiennent à l'armée; 2° dans le cas de nomination à une fonction publique salariée. Mais, d'une part, le soldat, l'officier de réserve ou de l'armée territoriale, n'exerce pas une fonction publique au sens juridique du mot; d'autre part, il n'y a pas nomination. Enfin, les textes qui déclarent éligibles les militaires de la réserve et de l'armée territoriale établissent assez nettement la compatibilité, pourvu qu'il ne s'élève aucun doute sur l'impossibilité d'appliquer l'article 11 de la loi du 30 novembre 1875, aux députés militaires (1). »

Cette note donna lieu à une entente entre le président de la Chambre, M. Floquet, et le général Boulanger. Il fut reconnu à cette conférence :

1° Que la mobilisation n'entraînerait pas de plein droit la démission des députés militaires;

2° A la première demande de congé, la Chambre

(1) V. la note rapportée par M. Pierre dans son *Traité de droit politique et parlementaire*, p. 327.

devrait déclarer par une résolution, si oui ou non, les députés militaires seraient invités à continuer l'exercice de leur mandat dans l'intérêt public;

3° Si la Chambre ne retenait pas les députés militaires, ou si les ayant retenus, ceux-ci persistaient à se rendre sous les drapeaux, il y aurait des congés accordés; mais le député, une fois parti, ne serait plus autorisé à aller et venir du régiment, afin de prendre part aux votes.

Depuis, si la loi n'a pas été votée, ce n'est pas que les projets aient fait défaut, mais aucun n'a pu aboutir.

La première proposition, qui émane de MM. Camille Dreyfus, Fernand Rabier et le comte Villebois-Mareuil, fut faite le 7 juin 1890 (1). Ils admettaient qu'en cas de guerre, les députés devraient rejoindre immédiatement leur corps. Autrement, le sentiment public verrait avec sévérité un législateur rester à son banc, tandis que des hommes de son âge iraient, au péril de leur vie, défendre la patrie. Mais la représentation nationale serait réduite de plus de deux cents membres. Il ne servirait de rien de considérer ces députés comme démissionnaires; on ne pourrait les remplacer, le suffrage universel étant presque tout entier sous les drapeaux. En cela ils étaient d'accord avec le secrétaire général de la

(1) V. *J. officiel,* séance du 7 juin 1890, ann. n° 631, p. 955.

Présidence qui disait dans la note déjà citée : « Quant à complèter la Chambre, quant à remplacer les membres démissionnaires, il n'y faudrait pas songer, non seulement à cause des circonstances, mais parce que, à cette heure, vingt classes d'électeurs (aujourd'hui vingt-cinq) seraient privées du droit de vote (1). »

Pour combler les vides, concluaient les auteurs de la proposition, il suffisait d'appliquer la loi du 15 février 1872, dite loi Tréveneuc (2), donnant aux conseils généraux, dans certaines éventualités, le droit de nommer des délégués qui, réunis aux membres du gouvernement et aux députés restés libres, formeraient une nouvelle assemblée.

A la même date, une autre proposition était faite par MM. Castelin, Francis Laur et Laisant. Ils reprenaient les principes inscrits dans une décision ministérielle de 1884, cherchant à concilier les divers textes des lois organiques constitutionnelles avec la loi militaire. Ils partaient des deux idées suivantes : 1° Que le mandat législatif devait s'exercer jusqu'au vote de la déclaration de guerre ; 2° que pendant la guerre, les membres des deux Chambres devaient être soumis aux mêmes obligations que les autres citoyens. En conséquence, ils proposaient

(1) V. Pierre, *Traité de droit politique et parlementaire*, p. 327.

(2) Nous nous rangeons à l'avis de M. Esmein, pour qui cette loi a été abrogée par la législation de 1875. *Op. cit.* 1re éd. p. 727.

qu'à l'exception des ministres, une fois la déclaration de guerre et les crédits votés, officiers et soldats députés fussent tenus de rejoindre les unités auxquels ils appartiendraient. Ils devaient être considérés comme en congé à dater du jour de la promulgation des lois et décrets relatifs à la déclaration de guerre. Sous les drapeaux, leurs privilèges et immunités demeuraient suspendus.

Une troisième proposition fut déposée le 14 juin 1890 (1). Les auteurs, MM. Le Veillé et le Senne, y font la critique des deux projets précédents. D'après eux, la Chambre devrait rester intacte, 250 hommes étant plus utiles à Paris qu'à l'armée. La Chambre devrait tout voir, tout contrôler, en un mot être présente à l'armée. Afin d'atteindre ce but : 1° à l'état-major de chaque corps d'armée serait attaché un député, dont la mission devrait être de surveiller plutôt que de combattre. Il n'exercerait aucun commandement militaire, se bornant à faire des rapports au Parlement qui siègerait en permanence.

Trois années après, M. Castelin, poursuivant son projet, voulut régler définitivement la situation des membres du Parlement : il échoua dans cette deuxième tentative (2).

M. Maxime Lecomte n'eut pas plus de succès

(1) V. *J. officiel*, annexe n° 669, p. 1162 et suiv.
(2) Reprise de la proposition Castelin le 2 décembre 1893.

lorsque, le 12 décembre 1894, il déposait une proposition ainsi conçue : « En temps de paix, comme en temps de guerre, les membres du Sénat et de la Chambre des députés ne peuvent être mis à la disposition du ministre de la guerre et ne peuvent faire aucun service militaire, pendant les sessions ordinaires et extraordinaires (1). »

La question sommeilla de nouveau jusqu'en 1895. Le 12 mars, M. Joseph Fabre déposait sur le bureau du Sénat une nouvelle proposition. Il émettait l'idée, au cas de mobilisation des Chambres, de faire fonctionner des commissions qu'elles eussent nommées aussitôt après la déclaration de guerre. Composées d'un sixième du nombre légal de chaque Chambre, elles se seraient réunies de plein droit toutes les fois qu'elles l'auraient jugé convenable, avec ou sans la présence des ministres (2).

a). Ce qui semble resulter des différentes opinions. — Les projets sont donc nombreux et l'idée qui semble se dégager est l'inutilité de sacrifier pour la défense nationale 200 membres du Parlement. Cette idée fut exprimée à la tribune par M. Rivet, député de Grenoble, pour qui la présence des représentants du peuple sur le champ de bataille enlèverait au Parlement la partie la plus jeune, la plus

(1) V. *J. officiel* du 9 janvier 1895, annexe 12, p. 304.
(2) V. *J. officiel*, 1895, Sénat, annexe n° 40, p. 108.

active, la plus capable de prendre des décisions énergiques. « L'immortelle Convention », qui a sauvé la patrie, plaçait les députés à la tribune et non au régiment (1).

C'est l'idée enfin d'hommes, dont la compétence en matière militaire est indiscutable, des généraux Deffis et Yung, mais non d'un socialiste dont les livres ont fait beaucoup de bruit (2).

Cependant il est certain, comme le font remarquer certains auteurs, que si les membres du Parlement devaient rejoindre leur régiment en temps de guerre, nous aurions dans cette mesure une excellente garantie pour la paix. D'autre part, l'histoire nous apprend qu'en de grandes circonstances, dans des luttes meurtrières, les rois et les nobles payaient souvent de leur personne; il n'y aurait donc rien

(1) V. cette proposition rapportée dans l'*Armée nouvelle*, p. 144.

(2) Pour lui, deux cents hommes de plus n'ajouteraient rien à la force des armées, mais deux cents hommes de moins démoraliseraient tous ceux qui verraient leurs places vides dans le rang. Il faut que les députés marchent à la tête de leur escouade ou de leur peloton « au milieu des citoyens que leurs fautes auront envoyés à la mort », et il ajoute « quel que soit leur âge ». Les membres du Parlement formeraient « un bataillon d'honneur tenu constamment au premier rang sous le feu de l'ennemi ».

Nous ne nous attarderons pas à discuter ces lignes peu sérieuses écrites sous l'influence d'idées préconçues. Puisque le service militaire est égal pour tous, pourquoi décider que les sénateurs et les députés feront encore partie de l'armée « quel que soit leur âge? » Pourquoi les mettre au 1er rang comme des soldats indisciplinés?

C'est une preuve que la logique le cède souvent à la passion chez les partisans d'une égalité soi-disant absolue. (Urbain Gohier *l'Armée nouvelle*, p. 146 et suiv.)

d'exagéré, semble-t-il, à demander à chacun d'accomplir simplement son devoir de défenseur, même à ceux qui sont à la tête du gouvernement.

Enfin, il peut paraître plus utile, qu'aussitôt la déclaration de guerre et les crédits votés, le rôle de représentant du peuple fasse place à celui de soldat dont la patrie a toujours besoin. Les deux tiers du Parlement et le Sénat presque tout entier suffiraient encore à la représentation nationale. Telles sont les raisons qui semblent inspirées par le patriotisme et susceptibles de satisfaire davantage l'opinion publique.

Mais il vaut mieux s'en tenir à l'avis du distingué secrétaire général de la présidence de la Chambre. D'après lui : 1° nul député, dans l'intérêt public, ne peut être enlevé à son siège sans l'autorisation de la Chambre; 2° les obligations qui incombent au député comme membre du Pouvoir législatif, priment celles qui lui incombent comme subordonné du ministre de la guerre; 3° enfin le règlement qui est sa loi suprême, lui fait défense de quitter son siège sans un congé de la Chambre (1).

Puis, il faudrait démontrer que la représentation natinale n'eût point à souffrir de l'absence de 250 membres du Parlement. Au surplus, elle ne serait plus entière et il faut qu'en présence des

(1) V. Pierre, *op. cit*, p. 327.

nécessités imprévues que fait surgir la guerre, tous les députés et sénateurs occupent leur siège. Rappelons ce qui eu lieu en 1870. Les Chambres prorogées après la déclaration de guerre, furent rappelées à la nouvelle de nos premières défaites en Alsace (8 août) et prirent part à des délibérations importantes nécessitées par la gravité des événements.

En résumé, il eût peut être été préférable de laisser la loi du 20 juillet 1895 régler la situation des membres du Parlement en temps de guerre comme elle le fait en temps de paix.

PROJET DE RÉFORME

Parmi les différents projets réglant la situation des membres du Parlement, en temps de guerre, il en est un que nous avons laissé à dessein, et qui pourrait, avec raison, être consacré comme mesure législative. Il a été exposé, en 1890, par M. Pierre, le secrétaire général de la Chambre. Dans une petite brochure, ayant pour titre : *Du pouvoir législatif en temps de guerre*. D'après lui, la guerre future n'aura point une durée éphémère, les peuples s'y étant préparés trop sérieusement pour que leur sort se décide en quelques batailles, et les conséquences de la défaite trop redoutables, pour que chacun ne voulût pas, au sens littéral du mot, tirer les dernières cartouches. Donc, la lutte durera, et c'est ce qui souligne l'importance du pouvoir législatif en temps de guerre. Il faudra, par suite, des crédits nouveaux, emprunts supplémentaires, etc., toutes nécessités auxquelles un gouvernement incomplet ou irrégulier ne pourrait faire face : la

France devra être munie, en temps de guerre comme en temps de paix, d'un pouvoir législatif qui donne au pouvoir exécutif, jour par jour, tous les moyens d'actions exigés par les circonstances.

Mais il est à craindre, comme nous l'avons fait remarquer, que l'opinion publique ne s'accommode point de cette idée, que le mandat législatif est souvent plus lourd à porter qu'un fusil : en cas de péril extérieur, bien qu'exposés chaque jour à émettre des votes qui leur seraient éternellement reprochés, les membres du Parlement sembleraient moins faire pour la patrie, qu'en allant garder une place forte loin du canon. Comment alors concilier les exigences du service militaire avec le mandat législatif?

Si les Chambres sont mutilées par la mobilisation, elles ne peuvent plus continuer leur œuvre, sans que la loi introduise dans leur fonctionnement certaines modifications.

Il est entendu qu'elles ne seront pas mutilées à partir de l'heure où les affiches de mobilisation seront placardées, car ce sera l'heure où les représentants du pays auront la plus vaste besogne : vote de crédits extraordinaires, suspension des échéances, des effets de commerce, cours forcé des billets de banque; tout cela ne peut être décidé par des Assemblées incomplètes.

La loi de 1889 ne dit pas que les fonctionnaires

auront à quitter leur poste immédiatement, au cas de mobilisation : elle leur donne au contraire des délais. Il suffirait d'appliquer cette mesure aux membres du Parlement : à l'heure où les sénateurs et députés auraient pris les mesures les plus urgentes et voté la déclaration de guerre, l'effet de cette dispense exceptionnelle cesserait, ils devraient rejoindre immédiatement leur corps.

Mais, au préalable, ils auraient organisé des commissions à la tête desquelles seraient les présidents de la Chambre et du Sénat; elles auraient simplement le pouvoir de voter des crédits, d'autoriser des emprunts, etc. Il ne serait point pour cela nécessaire de reviser la constitution, les Chambres se faisant à elles-mêmes une délégation du pouvoir législatif (1). Il va sans dire que les Chambres se sépareraient au premier jour du fonctionnement de ces commissions.

Un tel système a certainement des défauts; mais avant de le condamner, dit M. Pierre, se posent quelques dilemmes.

Voudra-t-on jamais une loi qui dispense les membres du Parlement du service militaire en temps de guerre?

Si cette loi, qui serait la meilleure de toutes, est

(1) Il y a bien, par exemple, une véritable délégation du pouvoir législatif dans le cas où le gouvernement ayant besoin d'argent peut ouvrir des crédits sur avis du Conseil d'Etat.

la plus juste, la plus courageuse, si cette loi est écartée, des Chambres incomplètes, auront-elles aux yeux du pays une autorité suffisante pour soutenir le gouvernement jusqu'au bout de la lutte?

Deux délégations nommées d'avance par des assemblées complètes ne seront-elles pas plus utiles?

Les Chambres mutilées peuvent-elles être complétées par un corps électoral privé de vingt-cinq générations d'hommes ou par des conseils généraux mutilés comme elles?

Peut-on, sans péril, déléguer au pouvoir exécutif seul tous les pouvoirs législatifs, c'est-à-dire la souveraineté absolue?

La sagesse commande beaucoup plus, au point de la marche heureuse de la guerre, qu'au point de vue des événements postérieurs à la paix, de préparer, pour la durée des hostilités, un gouvernement complet, durable, abrité à la fois contre l'anarchie et la dictature.

Citons quelques-uns des articles du projet de réforme, qui ont trait à la situation des membres du Parlement en temps de guerre.

Art. 3. — Tous les sénateurs et tous les députés, même ceux qui sont encore astreints par leur âge aux obligations du service militaire, sont tenus de se rendre à la convocation de leur Président.

En conséquence, ceux qui se trouvent appelés sous les drapeaux sont légalement dispensés de rejoindre immédiatement leur corps, mais ils doivent déposer entre les mains du Président une demande de congé.

Art. 4. — A l'ouverture de la séance, le Président donne connaissance à l'Assemblée des demandes de congé, et déclare qu'elles seront accordées ultérieurement, ainsi qu'il est dit à l'art. 9.

Art. 9. — A partir du moment où les Présidents des Chambres ont déclaré la session suspendue ou close, tous les congés demandés par les sénateurs ou les députés sont considérés comme accordés d'office. Les sénateurs et les députés, soumis aux obligations militaires, doivent rejoindre leur corps sans délai. Ils cessent de jouir des immunités établies dans l'art. 14 de la loi constitutionnelle du 16 juillet 1875. Leurs droits à l'indemnité législative subsistent jusqu'à l'expiration de leur mandat, tant qu'ils restent sur le territoire français; cette indemnité leur est payée, si les circonstances le permettent, dans les conditions prévues par la circulaire ministérielle du 7 août 1876, et elle demeure soumise à l'interdiction du cumul, conformément à la loi du 16 février 1872.

CONCLUSION

En théorie pure, il faudrait accorder les droits politiques à tous les membres de l'État. La nation est, en effet, souveraine, et tous ceux qui en font partie ont indistinctement intérêt à la bonne direction et au progrès des affaires publiques.

Mais une telle extension du suffrage ne convient qu'à un gouvernement idéal, et n'est pas possible en pratique. Nous avons vu quels inconvénients entraînaient le droit de vote chez les militaires, bien qu'il puisse sembler inique de l'enlever à ceux qui remplissent la glorieuse mission de défendre le pays et qui peuvent être appelés à verser leur sang pour la patrie. Mais chaque membre de l'organisation sociale a des devoirs particuliers à remplir, lesquels sont de nature à apporter à ces droits des restrictions nécessaires et inéluctables.

Quant aux faibles avantages que présenterait l'éligibilité des militaires, ils seraient payés par de larges inconvénients : indiscipline, désorganisation des cadres. Mais d'autres considérations ont dû peser d'un plus grand poids sur l'esprit du législateur de 1875. Et d'abord, le député doit avoir une indépendance absolue; c'est une condition essentielle, sans laquelle il ne peut remplir utilement son mandat, discuter et voter librement la loi. Or le soldat est un « fonctionnaire » plus que tout autre, tenu d'obéir à ses supérieurs hiérarchiques; si l'exercice du mandat législatif le rendait indépendant, il serait un fonctionnaire insubordonné.

Il est vrai que pour l'admission des fonctionnaires à la Chambre, des militaires par conséquent, on fait valoir des arguments tirés de l'histoire, de l'intérêt d'avenir du pays et de la liberté des électeurs. On ne peut citer qu'un seul régime politique qui n'ait pas admis d'incompatibilités parlementaires : la Restauration. Pendant toute la durée de ce régime, la présence de nombreux fonctionnaires à la Chambre et la promotion fréquente de députés à des fonctions publiques furent l'objet de plaintes continuelles de la part du parti libéral. Aussi le gouvernement de Juillet s'empressa-t-il, d'une part, de soumettre à la réélection les députés promus à des fonctions publiques salariées; d'autre part, d'établir des incompatibilités entre le mandat de député et certaines fonctions. On a dit, en second lieu, qu'il y avait des inconvénients, sous un régime démocratique, à maintenir en dehors de la vie publique une fraction assez importante de la nation; c'est l'encourager, dit-on, à s'attacher à la fortune du pouvoir exécutif, c'est encourager les coups d'État. Cette crainte nous semble chimérique. Les inconvénients que présenteraient les fonctionnaires députés militaires l'emportent de beaucoup sur cette éventualité.

Quant à l'argument tiré de la liberté des électeurs, il n'est pas très sérieux. Établir des incompatibilités, dit-on, c'est entraver le libre choix des électeurs. Mais, est-ce que l'intérêt général et le bon fonctionnement des services publics ne doivent pas primer l'intérêt des particuliers?

D'ailleurs, les membres du Parlement n'ont pas le don d'ubiquité; ils n'ont pas le moyen de donner leur temps à la fois au Parlement et à l'État. Ils sacrifieraient nécessairement ou leur mandat de député ou leur service dans l'armée. Cependant, quelques fonctions (1) peuvent se concilier avec les devoirs du législateur, soit qu'elles lui laissent son indépendance, soit qu'elles puissent être suspendues temporairement, comme le professorat dans l'enseignement supérieur.

Peut-être la suspension de l'une des deux fonctions, au choix de l'intéressé, conduirait-elle à la meilleure solution. En Grèce, ainsi que nous l'avons vu, les

(1) V. art. 8 et 9 de la loi du 30 novembre 1875.

officiers peuvent être élus, mais après leur élection, ils sont mis en disponibilité pendant toute la durée de la législature, conservant cette position jusqu'à leur rappel ultérieur à l'activité (1). Cette solution a du moins l'avantage de n'être point contraire au système de la représentation des intérêts. Pour être plus près de la perfection, il faudrait, semble-t-il, que les officiers fussent mis en disponibilité de leur déclaration de candidature, car la préparation d'une élection n'est pas compatible avec les exigences du service actif et de la discipline. Si un tel système était un jour mis en pratique en France, le législateur obéirait sans doute à un autre principe que celui de la représentation des intérêts, il suivrait les aspirations qui tendent de plus en plus vers le suffrage universel (2).

Fontainebleau, le 20 septembre 1899.

Le Président,
M. CHAVEGRIN.

Vu par le Doyen :
GLASSON.

Vu et permis d'imprimer,
Le Vice-Recteur de l'Académie de Paris,
GRÉARD.

(1) Dareste, *Les Constitutions modernes*.

(2) Nous avons considéré l'officier comme un fonctionnaire, il a avec lui plus d'un point de ressemblance. Presque tous les officiers, en effet, sont nommés comme beaucoup de fonctionnaires, à la suite d'un concours ou d'un examen, ils touchent une solde, ils ont droit à une pension : c'est un fonctionnaire non quant au grade, mais quant à l'emploi.

BIBLIOGRAPHIE

BAVELIER : *Dictionnaire de Droit électoral.*
BENOIST C. : *De l'organisation du suffrage universel.*
CLAUDIOT-JEANNET : *Les Etats-Unis contemporains.*
CORREARD : *Histoire de France* (Epoque contemporaine) 1889.
CHOPPIN H. : *L'Armée francaise*, 1890.
DARESTE : *Les Constitutions modernes.*
DUSSIEUX : *L'Armée en France*, 1884.
ESMEIN A. : *Principes de Droit constitutionnel*, 1re et 2e édition.
FAUSTIN Hélie : *Les Constitutions de la France*, 1880.
GARNIER-PAGÈS : *Histoire de* 1848.
GOHIER U. : *L'Armée Nouvelle*, 1897.
GORCE (DE LA) : *Histoire de la seconde République française.*
HAURIOV : *Précis de Droit administratif*, 1892.
LABOULAYE : *Questions constitutionnelles.*
LE FUR : *L'Etat fédéral et la Confédération d'Etats.*
PIERRE E. : *Du pouvoir législatif en temps de guerre*, 1890.
— *Traité de Droit politique et parlementaire.*
PILLET : *Recherche sur les Droits fondamentaux d'Etat.*
RABANY : *Loi sur le recrutement*, 2e édition. 1891.
RENDU : *Code électoral.*
WEIL : *Les Elections législatives.*
XENOPHON : *Economie.*

COURS.

Cours de MM. CHAVEGRIN et LARNAUDE 1896-1897.

THÈSES.

BARTHELEMY : *Essai d'une théorie subjective des droits des administrés.* Toulouse, 1899.

Bresson : *De l'Electorat et de l'Eligibilité politiques.* Paris, 1888.
Coutant : *Le Vote obligatoire.* Paris, 1896.
Faucon : *Des privilèges des militaires.* Paris, 1893.
Fahy : *L'Electorat politique.* Grenoble, 1895.
Garrigues : *Du Droit de vote dans l'armée française.* Paris, 1898.
Jacomet de Broca : Lyon, 1882.
Souillard : *Du Régime militaire aux Etats-Unis.* Toulouse, 1897.
Verney : *De l'Insoumission et de la Désertion.* Paris, 1890.

Recueils.

Archives parlementaires.
Bequet : *Répertoire de Droit administratif.* Armée.
Dalloz : *Jurisprudence générale.*
Duvergier : *Collection de Lois et Décrets.*
Journal officiel.
Moniteur officiel depuis 1789.
Pandectes françaises. Armée. Désertion. Insoumission. Omission.
Revue de Droit public. Année 1893.
Revue des Deux Mondes. Année 1893.
Revue socialiste, 1898-1899.
Sirey : *Recueil des Lois et Arrêts.*

TABLE DES MATIÈRES

PARIS. — E. DE SOYE ET FILS, IMPR., 18, R. DES FOSSÉS-S.-JACQUES.

www.ingramcontent.com/pod-product-compliance
Ingram Content Group UK Ltd.
Pitfield, Milton Keynes, MK11 3LW, UK
UKHW020343230726
13925UKWH00003B/931

9 782014 440300